suhrkamp taschenbuch 3451

Ein Lateinamerikaner auf Reisen durch seinen Kontinent: Immer schon hat Alejo Carpentier die Faszination für Geschichte und Gegenwart des südlichen Amerika umgetrieben, und die hier versammelten, zwischen 1947 und 1979 verfaßten Essays, Artikel und Reden über seine Reisen ins Innere Venezuelas, die Kulturen Mexikos und Mittelamerikas, die Musik und die Menschen der Karibik machen nicht nur bewußt, wie jung die Erkundung Lateinamerikas noch ist, sondern zeigen auch die Sicht des kosmopolitischen Autors auf die Länder, die in den Augen der Europäer oft so exotisch anmuten.

»Und diese Neue Welt«, schreibt Carpentier, »erweist sich schließlich durch ihre Traditionen, ihr Erbe, durch das, was sie empfangen, sich angeeignet und anverwandelt hat, als ebenso alt und hoch entwickelt wie die übrigen Welten der ganzen Welt.«

Ein Kontinent ist zu entdecken.

Alejo Carpentier (1904-1980) gilt als Wegbereiter der neuen Erzählprosa Lateinamerikas. Sein Werk ist im Suhrkamp Verlag erschienen, zuletzt in neuer Auflage der Roman *Die verlorenen Spuren* (st 808).

Alejo Carpentier
Farben eines Kontinents

Reisen durch Lateinamerika

Aus dem Spanischen von
Anneliese Botond
und Ulrich Kunzmann

Suhrkamp

Die Originalausgabe erschien 1998 unter dem Titel
Visión de América. Fragmentos de una crónica de viajes
bei Editorial Letras Cubanas, Havanna.
Nähere Angaben am Ende des Buches.

Umschlagfoto: Massimo Borchi / Atlantide

Deutsche Erstausgabe
suhrkamp taschenbuch 3451
Erste Auflage 2003

Druck: Nomos Verlagsgesellschaft, Baden-Baden
Printed in Germany
Umschlag nach Entwürfen von
Willy Fleckhaus und Rolf Staudt
ISBN 3-518-39951-9

1 2 3 4 5 6 – 08 07 06 05 04 03

Inhalt

I
Bilder Amerikas

II
Tierra Firme

III
Die Karibik

IV
Die amerikanische Identität

Zur Erinnerung an Alfred Clerec Carpentier,
den ersten Amerikaner meiner Familie,
Gouverneur von Französisch-Guayana im Jahre 1842,
dem Jahr, in dem Sir Richard Schomburgk
den Gipfel des Roraima-Tepuy erreichte.

I

Bilder Amerikas

Die Große Savanne: Welt der Schöpfung

Für Raúl Nass

Die Spanier hatten eine dunkle Ahnung
von jenem Land, das sie El Dorado nannten.
Voltaire

Seit gut einer Stunde überfliegen wir den Urwald am Oberlauf des Caroní. Urwald überzieht die Erde, so weit der Blick reicht; ein dichter, nirgends unterbrochener Urwald, in dem eine Notlandung spurloses Verschwinden bedeutet, Versinken in dem unendlichen Grün, das bei solchen Zwangslagen um vieles mehr zu fürchten ist als das Meer. Doch plötzlich, so jäh, daß wir erschrocken aufschreien, hebt sich der Boden sprunghaft auf eine Höhe von 4000 Fuß. An der Natur hat sich scheinbar nichts geändert. Aber eine kolossale, nackte, glatte Felswand hat den ganzen Wald hochgestemmt, ihn mit einem Schlag nach oben, in die Nähe der Wolken, versetzt. Wir fliegen jetzt entlang dem Rand dieser unglaublichen Mauer, die so vielen Abenteurern den Weg versperrt und ihnen Tränen abgepreßt hat, Tränen des Zorns, die doch nur dem ewigen Trugbild des Goldes frischen Glanz und neue Größe verliehen. Hier mußte das Kreuz Hunderte von Malen seinen Vormarsch abbrechen; hier kamen anonyme Händler um, und ihre Knochen verfielen zwischen denen ihrer Reittiere. Auf dieser Riesenwand erstreckt sich die unabsehbare Terrasse, Grundlage und Träger der phantasmagorischen geologischen Welt der Großen Savanne, einer Landschaft aus Urgestein, einer bis vor kurzem noch unbekannten Welt und einer uralten Wiege von Mythen, deren geheimnisvoller Bezirk, unerklimmbar, ohne bekannte Wege und sichtbare Zugänge, jahrhundertelang für das legendäre Dorado gehalten wurde, das märchenhafte, nie genau lokalisierte Reich von Manoa, nach dem die Menschen unermüdlich fast bis in die Tage der Französischen Revolution suchten. Denn trotz aller Mißerfolge wollten sie nicht darauf verzichten, »über Bäumen, so hoch, daß sie die Wolken berühren«, wie Walter Raleigh sagte, die ersehnte Empore des Reichtums und des Überflusses auftauchen zu sehen, auf die selbst Voltaire eines Tages die Helden seines berühmten philosophischen Romans versetzen sollte. (Es ist, nebenbei, interessant zu beobachten, daß die Europäer die Verwirklichung ihrer alten, in ihrer Welt zunichte gewordenen Träume stets von Amerika erhofften: das ohne alle Mühe gewonnene Gold der »Großen Verwandlung«; das faustische Streben nach ewiger Jugend.)

Wir fliegen in den Herrschaftsbereich der Großen Monumente ein. Links überragen zwei gigantische Mausoleen das Meer der Bäume, eine barbarische Architektur, die an Pyramiden mit verwitterten, im Lauf der Jahrhunderte abgeschliffenen Kanten – etwa die Mondpyramide von Teotihuacán – erinnern. Diese zwei in großer Entfernung parallel zueinander verlaufenden Molen wirken wie grandiose Grabmale: als lägen unter riesigen, von Tausenden von Stürmen und Regenfällen behauenen und geglätteten Schweißtüchern aus Stein die Leichen zweier nach Sonnenaufgang blickender Titanen. Bald erfahre ich, daß meine Vorstellung von zwei gewaltigen, aus dem Urwald aufgetauchten Kenotaphen die gleiche ist wie die anderer Menschen, die eines Tages diese zwei einsamen Grabhügel erblickt und sie *die Grabmale der Halbgötter* genannt haben. Doch neues Staunen läßt unseren Puls nicht zur Ruhe kommen. Für uns, Neulinge angesichts einer Landschaft, so neu, so wenig verbraucht, wie die Landschaft der Genesis für den ersten Menschen einmal gewesen sein mag, dauert die Offenbarung der Formen an. Das, was sich jetzt zu unserer Rechten erhebt, hat mit den Mausoleen schon nichts mehr zu tun. Stellen Sie sich ein Bündel von Orgelpfeifen von etwa vierhundert Meter Höhe vor, zusammengebunden, verschweißt und senkrecht einer Unterlage von Felsschutt eingepflanzt: ein freistehendes Monument, eine Mondfestung inmitten einer waldlosen Ebene, der ersten, die wir nach so vielen Tagen und soviel Urwald zu sehen bekommen. Aufgrund meiner westlichen Bildung läßt Assoziationsroutine mich sofort an das Schloß von Macbeth oder von Klingsor denken. Aber, nein. Solche Bilder sind, weil viel zu begrenzt, unzulässig in diesem Winkel des unberührtesten Amerika. Diese Türme aus stahlgrauem, leicht schimmerndem Fels sind zu hoch, um ein Bühnendekor abzugeben. Sie sind zu düster unter diesem dramatisch bewegten Himmel, der sich über dem Tal des Karamata, dem Land der Karamata-Indianer, verfärbt, weil sehr weit von hier, über brasilianischem Gebirge, der Blitz niedergeht. Es stimmt nicht, daß einige Landschaften dem Maß des Menschen entsprechen und andere nicht. Jede Landschaft der Erde ist nach dem Maß des Menschen gemacht, denn immer, bei allem, was die Erde betrifft, muß der Mensch als Modul dienen. Man muß nur herausfinden, für welchen Menschen die Landschaft gemacht ist, für welche Augen, welche Träume, welche Bestrebungen. »Des Menschen Maß ist auch das Maß des Engels«, sagt der heilige Johannes in der Apokalypse. Für Kolumbus war das Ozeanische Meer eng, für Cortés der Weg nach Tenochtitlán kurz. Wahrscheinlich hätte Pizarro, der Kastilier, den Weg zur Großen Savanne fortgesetzt, den der Engländer Walter Raleigh aufgab. Für die Indios, die hier leben und ihrem ersten Glauben treu geblieben sind, haben diese am Tage der Erschaffung der Welt aus der Hand des Schöpfers hervorgegangenen Berge durch die Unberührtheit ihrer von keinem Menschenfuß je betretenen Gipfel und die Majestät der großen heiligen Monumente ihr mythisches Wesen voll bewahrt (wenn es donnert, darf man nicht zum Gipfel des Auyán-Tepuy aufblicken, denn dort wohnt Canaima). Nie würden diese Indios, nur weil sie das ursprüngliche Maß des Engels ererbt haben, die Sünde begehen, das, was sie sehen, durch die Verkettung von Ideen auf die Proportionen eines Wagner-Theaters zu reduzieren, wie ich, der von Druckbuchstaben gefesselte Mann, es fast getan hätte. Für sie sind diese Tepuys oder Berge noch immer die Wohnstätten der Urkräfte, wie es der Olymp für die Griechen gewesen ist. Für sie sind die Hohen Formen, die schönen und dramatischen, reinen und schweigsamen Großen Formen, die vollkommene Darstellung der Gottheit in deren Vermögen, allem Sichtbaren Gestalt zu verleihen. Hier betrachtet der Mensch des sechsten Tages die Landschaft, die ihm als Stammsitz angewiesen worden ist. Da gibt es keine literarischen Reminiszenzen. Keine in Alexandriner gezwängten oder vom Taktstock gezähmten Mythen. Es ist die Welt der Genesis, die in der amerikanischen Sprache des *Popol-Vuh* besser zum Ausdruck kommt als in den hebräischen Bibelversen: »In einem Anfang« – welch wunderbare poetische Genauigkeit! – »war nichts, das Gestalt annahm, nichts, das etwas anderes trug, nichts, das sich wiegte, das auch nur leicht berührte, das im Himmel das leiseste Geräusch machte.« Danach erfolgte, wie bei Nebel oder bei der Wolke, die Bildung der Erde in ihrem materiellen Zustand. Sodann erschienen »Krebsen gleich die Berge über den Wassern und waren in einem Nu die großen Gebirge«. Danach »schieden sich die Wege des Wassers, und viele Flüsse gingen zwischen den Hügeln; an vorbezeichneten Stellen hielt es an und stand aufrecht«. Man kann sich keine Beschreibung denken, die kraft ihrer geheimnisvollen Wortassoziationen besser auf die Große Savanne paßte als diese. Tatsächlich haben einige der kleineren Tafelberge mit ihren gerundeten Rücken und über der Erde geöffneten Scheren etwas von jenen Krebsen, die auf den Wassern des Anfangs erschienen sind: auf den »Wegen des Wassers« – den 280 Flüssen dieser abgeschiedenen Welt – und dem »aufrecht stehenden Wasser« der unzähligen Kaskaden, die aus den Urquellen der Mutterberge kommen.

Und weiter geht es in der *Offenbarung der Formen*. Ein zweiter Turm, höher und wuchtiger, erscheint hinter dem ersten. Er endet in einer absolut waagerechten Terrasse ohne

Unebenheiten oder Neigungen, die von einem Teppich aus zartem Gras bedeckt ist. Über dem nächsten, noch breiteren, lagert eine unbewegliche, langgestreckte, dichte Zirruswolke wie ein Boot, das über einem Riff ankert. Ein anderer Tafelfels, oben breiter als an der Basis, erhebt sich weiter drüben, zerschrundet, mit Alveolen übersät, wie eine gigantische Sternkoralle. Je tiefer wir in die Große Savanne vordringen, desto imposanter werden die Tafelfelsen in ihren Proportionen; manche gleichen gewaltigen Bronzezylindern. Gleichzeitig vervielfältigen sich auch die Formen. Jeder Tepuy präsentiert sich uns als eine unverwechselbare Persönlichkeit, mit wild gekerbten Kanten, geraden oder gebrochenen Profilen. Kusari-Tepuy, Topochi-Tepuy, Ptari-Tepuy, Akopán-Tepuy, Rotwild-Berg, Donner-Berg. Berge mit Tiernamen und Berge mit Namen von Naturkräften. Hat einer keinen großen flankierenden Turm, dann endet er – wie der Iru-Tepuy – in einem Pfeilerkopf oder bricht sich in Schrägkanten oder zeichnet am Horizont der Sierra de Paracaima – der vermutlich unerforschtesten Berggegend Amerikas – Gipfel in Form von Daumen, von Winkelmaßen, von gebrochenen Simsen. Einige sehen aus wie schwarze Schiffe ohne Masten und Takelwerk, und manche sind von wildem Efeu überwuchert wie die Mauern einer Ruine. Es gibt geologische Spiele, Steinarabesken, die alle erwarteten Vorstellungen über den Haufen werfen. Und jetzt, zur Krönung, erscheint nach Brasilien zu der gewaltige Roraima-Tepuy, das Modell, der Stein-Schutzheilige der Großen Savanne, den die Arekuna-Indianer mit inbrünstigen Hymnen verehren.

Als der große deutsche Forschungsreisende Richard Schomburgk 1842 an den Fuß des Roraima kam, fühlte er sich erdrückt in seiner eigenen Unbedeutendheit angesichts »der Erhabenheit und Gewaltigkeit dieses Naturwunders« (Schomburgk: *Reisen in Britisch-Guaiana in den Jahren 1840-1844*, Leipzig 1847). In romantischer Rhetorik bekennt der romantische Entdecker: »Es fehlen einem die Worte, um die

Größe dieses Berges mit seinen aus höchsten Höhen herabrauschenden und gischtenden Wasserfällen zu beschreiben.« Auch wenn der Satz einigermaßen abgedroschen klingt, wird man zugeben müssen, daß man sich keine überwältigendere Landschaft denken kann als die dieses dunklen Rechtecks – mit Wänden, senkrecht, als wären sie mit dem Lot aufgeführt –, das seine sechs Kilometer breite, häufig vom Donner erbebende Terrasse auf eine Höhe von 2800 Meter erhebt. Unwillkürlich stellt man sich vor, welche Ängste ein Mensch empfinden würde, der sich, von allem abgeschnitten, auf dieser schwebenden Terrasse befände, dieser rings von Abgründen begrenzten Ebene, diesem Denkmalsockel für den Nebel, dieser Brücke von Wolke zu Wolke. Der Roraima, der die Große Savanne abschließt, verbindet mit nichts. Er ist der rings vom Wind umbrauste Wachtturm an der äußersten Grenze zwischen Venezuela, Brasilien und Britisch-Guayana. Aber er ist vor allem die Höchste Einsamkeit – der Vollkommene Tisch aus den Zeichnungen der Taurepanes. Die Arekunas verehren ihn in seiner doppelten, männlichen und weiblichen, Wesenheit als den »in Wolken gehüllten«, als »ewige Mutter der Wasser«.

Die Große Savanne ist die uranfängliche Welt des *Popol-Vuh,* in welcher der Stein sprach und »den Menschen von Angesicht zu Angesicht zur Rede stellte«. Welt des »bearbeiteten Steins«, in der selbst der Maismahlstein die Sprache der Menschen verstand, denn der Maismahlstein, empfangen vom Menschen als Geschenk des Berges, hatte sich unter den Händen des Menschen geformt.

Im Reich der Wasser: Der Engelssprung

O tollkühne Habsucht,
die du im Wasser den Pfad,
Tische im schaumigen Gischt
und Dächer in den Sternen fandest!
Lope de Vega

Nach einer weiten, spiralenförmigen Kurve, die uns fast bis an die Grenzen Brasiliens geführt hat, fliegt das Flugzeug nun wieder auf Höhe des Tafellandes. Die schweren Wolken, die den Gipfel des Auyán-Tepuy überlagerten, beginnen sich zu heben. Die Sonne scheint bis auf den Grund von Schluchten und Engpässen. Und plötzlich sind die Bergflanken mit Wasserfällen beflaggt, lange glänzende Standarten, mit feinen Nebelfransen besetzt, hängen von den Gipfeln herab. Die Große Savanne, Welt der Felsen, ist auch das Reich der stürmischen Wasser; Wasser, in unglaublichen Höhen entsprungen, wie das auf dem Roraima geborene des Kukenán oder des steilufrigen Surukún. Auf den Zauber des Steins, des Unverrückbaren, fest in den Planeten Eingelassenen, auf die Härte der Quarze, des Feuersteins, der Porphyre folgt jetzt die Magie des Fließenden, Unbeständigen, nie zur Ruhe Kommenden der springenden, spielenden, hüpfenden Flüsse, die, von den Mesetas Madres ausgeschickt in alle vier Winde Amerikas, in der Mehrzahl nach langem Umherschweifen und häufigem Verschwinden – und nachdem sie unterwegs Gold und ein paar Diamanten aufgenommen haben – den wilden, dumpf rauschenden Caroní anschwellen lassen. Wir begreifen nun, weshalb dieser von solchen Höhen herabströmende, an Abenteuern so reiche Caroní jede Disziplin verweigert und alle Fesseln sprengt, die unten im Tal eine harte, feuchtheiße Natur – noch heute eine Natur aus den ersten Tagen des Menschenlebens – ihm anlegen möchte.

Vor knapp zwei Stunden sind wir den Caroní flußaufwärts geflogen, diesen Fluß von dunklem Wasser, das an ruhigen Stellen fast schwarz, gelegentlich bleigrau, ockerfarben in den flachen Buchten, aber nie freundlich hell ist; einen Fluß, der sich seit den Tagen der Entdeckung – aber die Entdeckung streifte nur eben seine Mündung – eine tollwütige Unabhängigkeit, mehr als Unabhängigkeit: die wilde Jungfräulichkeit einer unbezähmbaren Amazone bewahrt hat. Er hat die englischen Eroberer besiegt, die dreihundert Gefährten des Portugiesen Álvaro Jorge verschlungen, hundert in die Geschichte nicht eingegangene Tode hat er zu verantworten. Noch heute erzählen einem Leute, sie hätten an den Ufern des ungebärdigen Stroms alte spanische Waffen, von Rost geschuppte Picken und Breitschwerter gefunden. Denn der Caroní kennt weder Gesetz noch Flußbett. Ein Sohn Hunderter von Wasserfällen, hat er in den Tagen der Eiszeit, im Erdzeitalter der versickernden Meere, damals vielleicht, als die Wasser der mythischen Lagune von Parima Gott weiß wohin abwanderten, die Gewohnheit angenommen, seinen Lauf nach Belieben zu verändern. Immer verhält er sich so, wie man es am wenigsten erwartet, tausendmal vergißt er den schon zuvor vielfach geschlungenen Weg. Plötzlich zerfließt er in unruhige, kleine Lagunen, dann verengt er sich wieder, beschleunigt den Lauf, teilt sich am Kamm einer schwarzen Klippe, bricht sich in Sturzbächen, zerteilt sich in Flußarme, fließt zurück, woher er eben gekommen, um in ewigem Sichwinden, Aufbrausen, Mitfortreißen und Abweichen von seiner Linie seinen Lauf noch ungeheuerlicher zu gestalten. Plötzlich, an einem Knie, schießen genau in seiner Mitte obsidianschwarze Felsen aus ihm auf, und Gischtweiß legt sich über das durchscheinende Schwarz des Wassers, das hier auf Schiefergrund fließt. Über lehmgelbe Felstreppen kommen die springenden Furien des Carrao auf ihn zu, und über unzählbare Bergstürze die Wildbäche der Großen Savanne. Der Caroní, gespeist von den unbekanntesten Flüssen des Kontinents, ist ein

Schmelzofen der Tumulte. In ihn fallen, in die Maßstäbe dieses Kontinents übersetzt, die Großen Wasserspiele Amerikas: statt des dünnen Wasserfadens, den in Europa Delphine aus bleiernen Eingeweiden verspritzen, gewaltige Kaskaden aus Höhlenrachen. Großartigeres kann man sich nicht vorstellen als den Wasserfall, den der Caroní am Tobarima mitten im dichtesten, wildesten Urwald in Schluchten herabschickt, von denen man nicht glauben kann, daß sie all diese Wassermengen zu fassen vermögen. Denn der Caroní ist ein tosender Fluß, brüllend in seinen Cañons, und so donnergleich dröhnend am Fuß seiner Abstürze, daß Sir Walter Raleigh, als er diesen Wasserdonner erlebte, ihn ein »mißtönendes, flüssiges Erdbeben« nannte. Ausgezeichnet schilderte der gebildete Humanist und Freund Shakespeares, der in Trinidad ein bärtiger Abenteurer vom bitteren Schweiß geworden war, die Katarakte des Uracapay, die »mit solch wilder Wucht herabstürzen, daß das hoch aufspritzende Wasser als ein Platzregen ungewöhnlicher Art auf die Gegend herabrauscht und manchmal den Eindruck erweckt, als schicke eine gewaltige Stadt ihre Rauchwolken in die Luft«.

Aber nun, da wir zum zweitenmal die grünen Täler des Karamata überfliegen, streifen wir die Flanken des geheimnisvollsten und legendärsten aller Berge in der Großen Savanne: den vor noch nicht langer Zeit entdeckten, kaum erforschten Auyán-Tepuy, dessen Abgeschiedenheit durch die Jahrhunderte – Jahrhunderte, verflochten mit der Schöpfung der Welt – sich verbindet mit dem Prestige, das Legenden und lokaler Aberglauben ihm verliehen haben. Die ortsansässigen Indios wundert es nicht, daß das einzige Flugzeug, welches ein verwegener Flieger, Jimmy Angel, auf seinen Gipfel setzte, dort oben, die Räder im Sumpf, festgenagelt blieb wie die Libelle des Entomologen. Noch heute sagen die am Fuß des Berges lebenden Karamakotos jedem, der den Aufstieg wagt, großes Unglück voraus. Keiner blickt, wenn es stark donnert, zum Auyán-Tepuy auf, um nicht den Zorn Dessen zu erregen, der alle Übel verhängt, der bösen Schatten über ein Haus wirft, der den Menschen Tiere in die Eingeweide schickt, der diejenigen straft, die sich vom Missionar überzeugen lassen, der Schrecken, Armut und Schaden verursacht. Man begreift übrigens, daß der Dämon sich unter allen Bergen der Großen Savanne diesen zur Wohnstatt erwählt hat, denn im Gegensatz zur konischen Geometrie des Ptari-Tepuy und der kolbenförmigen Gestalt des Angasimá-Tepuy bietet der Auyán-Tepuy den dramatischen Anblick eines großen, zur Ruine zerfallenen Denkmals. Während wir dicht über seine steinigen, abweisenden, stufenförmig angeordneten Terrassen fliegen, sehen wir, daß sie von tiefen Rissen und Schlünden zerfurcht sind. Der Nebel lagert in Schluchten von bis zu vierhundert Meter Tiefe.[1] Wenn es regnet, füllen sich auf seiner Höhe Hunderte von Teichen, die dann in Wasserfällen nach allen Seiten überströmen. Die schweren Wolken aber, die das ganze Jahr über aufgebläht sind, geschwängert von der Feuchtigkeit dieser immer von Humus bedeckten, nie gerodeten, von Bächen durchzuckten Erde, sorgen für den Salto del Ángel, den Engelssprung, den Wasserfall mit dem doppelt gerechtfertigten Namen, bezieht dieser sich doch sowohl auf seinen Entdecker Jimmy Angel als auch auf seine Unberührtheit, seine Abwesenheit auf allen Landkarten und das besondere Prestige dieses Flusses, der sein Haupt höher erhebt als alle Wasserfälle der Welt. Auch setzt dieser prunkvolle Wasserengel die Füße nicht auf die Erde, sondern versprüht sich in schaumigem Dampf, ein dichter Tau, über den tiefgrünen Bäumen, die ihn in ihren Ästen empfangen. An dem Tag, an dem wir seine Herrlichkeit erlebten, entströmte er dem Ort des Strahlenglanzes in zwei Armen, die sich im Leeren vereinigten. Aber zu anderen Jahreszeiten stürzt er durch fünf, sechs, sieben nebeneinander liegende Öffnungen aus dem schwindelnd hohen Zinnenwerk herab. Wenn sich die Wasser mischen, prallen sie

1 Ich verdanke diese Zahl dem Forschungsreisenden Félix Cardona, dem ersten Menschen, der den Gipfel des Auyán-Tepuy bestiegen hat.

aufeinander, kreiseln, leuchten in allen Farben des Regenbogens in der Luft auf und zerstieben in einem endlosen Gesplitter von Spiegeln. Doch schon haben wir den Auyán-Tepuy rechts hinter uns gelassen und lassen uns nun in Talschluchten und Engpässe mit anderen Wasserspielen hinab. An jeder Bergnase, auf jedem Gipfel zeigen sich neue Wasserfälle: manche kommen halmdünn und zuckend über ein hohes Gesims, andere rollen wutschäumend über fahlbraune Felsstufen, andere brechen sich viermal tosend, ehe sie das Flußbett erreichen; einige fallen ruhig und schwer, einen Eindruck von Starre vermittelnd, wie der Kamá; es gibt breite, reißende, wie den gewaltigen Wasserfall Morok im Kukenán, dessen Wasser von innen durch riesige Felsplatten wie Skulpturen gestaltet sind. Doch nun muß ein neues Zauberelement dieser fließenden, Schleier und Glasschilde schwingenden Welt hinzugefügt werden. Dieses Element, das unsere Reserven an Erstaunen erschöpfen wird, ist die Farbe. In der Großen Savanne wird das Wasser kurz vor den Wasserfällen gewöhnlich fast schwarz, rötlichschwarz wie gebrannter Zucker und von der rauhen Konsistenz halb erkalteten Asphalts. (Das kommt, wie einer der Kapuziner aus der Mission Santa Elena von Uairén mir sagt, von der Anhäufung riesiger Mengen farbgesättigten dürren Laubes aus dem Urwald.) Aber gleich darauf schießt der Fluß wie befreit aus seiner Höhe ins Leere. In diesem Augenblick geschieht das Wunder der Verwandlung: das Wasser wird zu Gold, zu einem leicht gelblichen Gold mit allen unendlichen Schattierungen zwischen Schwefelgelb und Rostfarben. Dieses Gold, das da fällt, sinkt, springt und siedet, strahlend im Glanz aller Farben des Spektrums, ist das, welches vielleicht Milton sich für die Katarakte in seinem *Paradise lost* erträumt hat, denn wo sonst hätten die maßlosen Bilder des blinden Sehers und seine von Wolken gekrönten Giganten Platz als in diesem »noch ungeplünderten Land, dessen große Stadt Geryons Kinder El Dorado nannten«.

»In jener Zeit gab es Riesen auf Erden«, sagt die Genesis. Aber diese Riesen dürften eher Brüder der im Geschlechterverzeichnis des *Chilam-Balam* zitierten ersten Helden (»Nicht Götter waren es, sondern Riesen«) als Kinder des griechischen Geryon gewesen sein: gerechte Helden, Landvermesser, Erfinder des Ackerbaus, Herren über die Himmelsrichtungen. Interessant ist, daß diese Vorstellung vom arbeitsamen, mit allen Vollmachten ausgestatteten Helden in allen amerikanischen Mythologien vorkommt. Und nichts erinnert so sehr an die Arbeiten der ersten Riesen im Buch der Geschlechterregister wie diejenigen, welche dem Genie des Demiurgen Amalivaca zu verdanken sind, »der mit Hilfe seines Bruders Uochi der Erde Gestalt gab« und dessen weitreichender Schatten sich über die gesamte Tiefebene des Orinoco ausdehnt: das Verbreitungsfeld seines Mythos setzte schon Alexander von Humboldt durch seine große Ausdehnung in Erstaunen. In der Nähe der Sierra von Encaramada, dem Berg Ararat der Tamanaco-Indianer, werden noch heute Zeichnungen gezeigt, die eine geheimnisvolle Hand in großer Höhe in den Fels geritzt hat. Dem Mythos zufolge sind es die *tepuremenes*: Steine, die Amalivaca in den Tagen der Sintflut beschrieben hat, »als die Wasser des Meeres den Orinoco aufwärts flossen«. Das Bearbeiten dieser Steine wirft das gleiche, schon von Humboldt erkannte Problem auf wie die Petroglyphen, die Jacques Soustelle in einem See im Bundesstaat Chiapas in Mexiko gesehen hat. Es ist und bleibt unerklärlich, mit Hilfe welcher Gerüste diese Zeichnungen ausgeführt werden konnten. Einmal mehr verlangt Amerika hier seinen Platz in der Einheit der Mythen der Welt, die bisher allzu ausschließlich im Hinblick auf ihre semitischen oder mittelmeerischen Wurzeln analysiert worden sind. Der Mythos von Amalivaca – der gleiche wie der von Shamash, von Noah, von Quetzalcóatl – ist hier so lebendig geblieben, daß Pater Filippo Salvatore Gilli in den Tagen der französischen Enzyklopädie und der Dialoge Diderots von einem Indianer gefragt wurde, ob Amalivaca, der Planetengestalter, nicht vielleicht gerade in Europa, auf der anderen Seite des Ozeans, etwas in Ordnung bringe. In eben jenen Tagen war in Santo Tomás in Neu-Guayana, dem heutigen Ciudad Bolívar, der seit dem Ende des 16. Jahrhunderts vergessene Traum von Manoa, der *golden city*, neu erwacht. Sintfluten, Riesen, Amazonen, geheimnisvolle Zeichen, Flüsse, die Diamanten mitführen: kluge Spanier – Zeitgenossen Moratíns des Jüngeren – verlieren eines Tages den Kopf, weil ein Indio vom Oberlauf des Caroní ihnen Silberspiegelungen an einer Wolke gezeigt hat! Und so ziehen sie abermals aus nach der Chimäre und lassen ihre Gebeine in den Tiefen des Urwalds ... Man braucht nicht nach komplizierten Erklärungen zu suchen. In Amerika sind die Mythen gegenwärtig und lebendig geblieben, während sie in Europa seit langem in den verstaubten Schubfächern der Rhetorik und der Gelehrsamkeit begraben liegen. 1780 glaubten die Spanier noch immer an das Paradies von Manoa und waren bereit, ihr Leben aufs Spiel zu setzen, um diese untergegangene Welt aufzufinden: das Reich des letzten Inka, das Juan Martínez, phantastischen Berichten zufolge, besucht haben soll, der Mann, der das Schießpulver von Diego Ordaz schlecht bewacht, aber desto besser künstliche Feuerwerke entzündet hat. 1794, als Paris in Kantaten auf die Musik von Gossec die Vernunft als das höchste Wesen besang, bereiste Francisco Menéndez aus Compostela Patagonien auf der Suche nach der verwunschenen Stadt der Cäsaren.

Denn Amerika nährt und erhält sich seine Mythen durch den Nimbus, den seine Jungfräulichkeit, die Ausmaße seiner Landschaften, seine *fortwährende Offenbarung der Formen* ihm verleiht – eine Offenbarung, die Spanien zur Zeit der Conquista, man darf es nicht vergessen, derart in Erstaunen versetzte, daß Pietro Martire d'Anghiera, in seinen Hoffnungen betrogen durch einen Reisenden, der sich brüstete, er habe auf seiner Expedition Waldeichen, Steineichen und Oliven gefunden, enttäuscht ausrief: »Was brauchen wir denn diese in

Europa alltäglichen Dinge?« Denn geblendet von all dem, was in den Archen der Seeleute zu ihnen gelangte, hingerissen von den Erzählungen der Indienfahrer, bereits daran gewöhnt, neue Wörter und Namen auszusprechen und dieses und jenes über Potosí, das Reich Cuzco, den Inka und den Teocalli zu wissen, hatte sich Spanien die Vorstellung zu eigen gemacht, daß in Amerika das Phantastische Wirklichkeit sei. Wirklichkeit, wie diese Große Savanne, die schlechterdings das Stein, Wasser und Himmel gewordene Phantastische ist. Alles, was ein Italiener oder ein Flame – Hieronymus Bosch oder Arcimboldo – in Darstellungen wie der Versuchung des heiligen Antonius oder Zeichnungen der Mandragore und der Wälder von Brocéliande an Phantastischem erdacht hatten, war hier in jedem Winkel des Gebirges zu finden. Aber nur als Detail eines großen Ganzen, das sich nie und nimmer in einen Bilderrahmen aus Holz einfangen ließ; als bloße Zutat einer grandiosen Schöpfung, die von Menschen bis jetzt nicht mehr als ein leichtes Ameisenkribbeln zu spüren bekommen hatte. Aus diesem Grund war die mit El Dorado verwechselte Große Savanne immer ein Anreiz für die Sehergabe der Dichter und ein unwiderstehlich anziehendes Licht auch für die andere Sorte von Poeten: die Abenteurer, die bereit waren, im Vertrauen auf eine Legende ihr Leben aufs Spiel zu setzen.

Und man sage mir nicht, von der Jungfräulichkeit Amerikas zu sprechen sei Gemeinplatz einer neuen amerikanischen Rhetorik. Ich stehe hier vor einer Art Landschaft, *die ich zum ersten Mal sehe,* die Landschaften wie die Alpen oder die Pyrenäen mir nicht im entferntesten angekündigt haben, eine Art von Landschaft, die ich mir höchstens im Traum ausgemalt habe und von der es bis heute in keinem Buch eine zutreffende Beschreibung gibt. Angesichts der Großen Savanne hätte Paul Valéry, als ein Freund ihn nach langer Wanderung ein vielgerühmtes europäisches Panorama betrachten ließ, niemals den trostlosen Satz ausgesprochen: »Aber ... warum geben Sie sich solche Mühe, mir überall die gleiche Landschaft zu zeigen?«

Hier, vor der Großen Savanne, wäre der Autor des *Eupalinos* verstummt.

22. Februar 1948

Bibel und Spitzbogen unter dem Roraima

> *Der Teufel:*
> O heiliges Tribunal,
> Vorsehung in alle Ewigkeit,
> wohin denn schickst du Kolumbus,
> mir neuen Schaden zu tun?
> Weißt du nicht, daß seit langen Jahren
> ich dort Besitztum habe?
>
> *Lope de Vega*

Da wir wieder auf der Erde stehen und die Sicht begrenzt ist durch das Tafelland von Acurima, durch Wälder, durch eine Saat hochragender, marmorweißer Stämme – mehr Obelisken als Stämme –, sind die geologischen Wunder des Karamata und der Sierra von Paracaima unserem Blick entzogen. Mitten in einem Tal, wie man es sich friedlicher und stiller nicht denken kann – nie hat dieses Tal Motorfahrzeuge gesehen oder eine andere Industrie als die durch die fünf Finger des Menschen betriebene –, liegt verstreut der Weiler Santa Elena de Uairén. Seine weiß gekalkten, mit Palmstroh gedeckten Häuser sind nach dem alten indianischen Vorbild gebaut, das sich mit nur wenigen Varianten im ganzen tropischen Amerika durchgesetzt hat. Es ist, alles in allem, die gleiche Hütte, die Kolumbus bei seiner ersten Landung auf Kuba vorfand. In zwei winzigen Lädchen liegen Waren aus, die auf Eselsrükken aus Manaos am Rio Negro in siebentägiger Reise durch den Urwald und mühsamem Aufstieg durch die Schlucht des Kukenán herangeschafft werden. Es gibt einen Glockenturm, in dem sich in Ermangelung von Glocken zwei halbierte Sauerstoffflaschen wiegen. Vor den Hauseingängen stehen schöne Krüge: brasilianische Töpferarbeit. Und an zwei Fassaden prangt eine Aufschrift, die einen zum Träumen bringen kann:

Ankauf von Gold und Diamanten

Aber nun kommt ein Mönch mit großen Schritten auf uns zu, der einem Gemälde Riberas entsprungen sein muß: wendig, schlank, bärtig und bewaffnet mit einem gewaltigen Knotenstock zum Schlangentöten. Bald erfahren wir, daß in dieser Welt, die, von wenigen oberflächlichen Neuerungen abgesehen, noch immer identisch ist mit der, welche die ersten Eroberer hätten vorfinden können, dieser Mönch aus einem gedunkelten Ölgemälde auf einen Namen von ahnenaltem Klang hört, der würdig gewesen wäre, in den Verzeichnissen der Westindien-Fahrer an erster Stelle oder unter dem Altarbild mit der Madonna der Seefahrer neben dem des Astrologen Micer Codro zu stehen: Diego de Valdearenas heißt der liebenswürdige Kapuziner mit dem struppigen Haupthaar, der Pater Superior der Mission von Santa Elena de Uairén, deren zwei stattliche Häuser in einiger Entfernung vom Dorf zu beiden Seiten des Weges stehen, der zu der Siedlung der katechisierten Indianer führt. Es war eine rührende Idee dieser Mönche, diese palmstrohgedeckten Häuser aufgrund der jahrhundertealten Vorstellung, die den gotischen Bogen mit der Entstehung der Polyphonie und der größten Herrschaft des Kreuzes über Europa verbindet, mit Spitzbogen zu versehen. Was mich an diesen Spitzbogen-Fenstern in dieser fernen Großen Savanne am Fuß des Roraima beeindruckt, ist der tiefe Sinn der Wiederholung. Das Zusammentreffen zweier gekrümmter Linien in einer Lehmziegelwand unter einem Pflanzenfaserdach genügt, um uns die alte Beredsamkeit eines Zeichens ins Gedächtnis zurückzurufen: Zeichen und Symbol eines Typs westlicher Zivilisation, die nach der Entdeckung vier Jahrhunderte brauchte, um bis hierher zu gelangen, und die bei ihrem ersten Anlauf einen kleinen Religionskrieg zu bestehen hatte. Die Anwesenheit dieser Spitzbogen in dieser kaum erforschten Welt ist das Ergebnis einer Schlacht, bei welcher das Tintenfaß, das Luther gegen den Teufel schleudern wollte, endlich einmal die Ketzerei mitten ins Gesicht traf.

Der Mythos von Manoa, der *golden city*, dem angeblichen Reich des Inka Ataliba, der so viele vergebliche Expeditionen auslöste, hat in der Großen Savanne selbst keine Geschichte gemacht, da die Natur die Eroberer stets aus dem Felde schlug, bevor sie diesen Winkel Amerikas erreichten. El Dorado, von Voltaire erdachte Utopie, von Pater Gumilla erahntes Kulturzentrum, hat einen sehr komplexen Bestand an Mythen, der seinerseits in Verbindung zu anderen, von den Europäern in die Neue Welt gebrachten Mythen gesehen werden muß, die wiederum sehr alten und okkulten Bestrebungen der westlichen Kultur entsprechen. Es ist möglich, sogar wahrscheinlich, daß im 18. Jahrhundert einige Abenteurer, die von Santo Tomás in Neu-Guayana aus nach Manoa suchten, tatsächlich dieses phantastische Tafelland erklommen haben: so Antonio Santos, ein Angestellter des Gouverneurs Miguel Centurión, der die bis 1780 unbekannten Gegenden durchstreifte und damit den Lockspiegel El Dorado wieder auffunkeln ließ. Doch echte, fortgesetzte Kontakte beginnen erst mit den Reisen, welche die Brüder Schomburgk, zwei außergewöhnliche Männer vom Schlag der großen deutschen Romantiker und echte Schüler Humboldts, zum Roraima unternahmen.

Bevor Heinrich Schliemann die Ruinen von Troja entdeckte und die Schätze der Atriden ausgrub, hatte er sich für die Eisenbahn in Kuba interessiert und sehr ernsthaft auf dem Gebiet der Schienenkonstruktion gearbeitet. Ebenso kommt Robert Hermann Schomburgk 1827 als einfacher Kaufmann in die Vereinigten Staaten. Aber Humboldt hatte den Menschen seiner Zeit nicht vergebens von diesem Amerika gesprochen, nach dem er sich bis in die letzten Tage seines Lebens sehnte. 1835 wird aus dem Warenhändler ein Forschungsreisender, der sich ins Innere von Britisch-Guayana begibt. Nach und nach, in immer gewagteren Tagereisen, begibt er sich auf die brasilianische Seite der Großen Savanne und ersteigt, unterwegs zum Roraima, den Berg der Kristalle, wo die Arekunas der »Mutter der Wasser« Hymnen sangen. Hingerissen von seiner Entdeckung, kehrt Robert Hermann nach Deutschland zurück und berichtet seinem Bruder Richard über eine ganze Welt neuer Pflanzen, Pilze, getigerter Staubfäden, unglaublicher Stempel. Richard ist – wie Chamisso – ein Naturforscher mit der Phantasie eines Dichters. Wie Goethe versteht er es, die Betrachtung einer Blume sehr weit auszudehnen. Angelockt von den Orchideen des Urwalds, bricht er mit dem Alltäglichen und geht einer Befreiung von allen Schranken entgegen, die aus ihm einen echten Weltbürger vom Schlage eines Schliemann machen wird. 1842 beginnt das atemberaubende Abenteuer, Richard und Robert Schomburgk werden die großen romantischen Forschungsreisenden von Guayana. Romantiker in der Art von Chateaubriand: nie stehen sie mit offenem Hemd vor der Landschaft; alles betrachten sie im Halbprofil, die Hand fest in die Jacke gesteckt, als sollte ein fleißiger Bleistift eine edle Haltung für die Nachwelt festhalten.

Bei alledem vergnügen sich die Brüder Schomburgk auf ihrer Reise, als durchlebten sie eine Erzählung Jean Pauls. In Georgetown nehmen sie einen Neger namens Hamlet in ihre Dienste, was vor allem Richard, den großen Shakespeare-Bewunderer, entzückt. Und unter geradezu unglaublicher Beachtung der feinsten Umgangsformen und strenger Observanz erlesener Manieren beginnt der Aufstieg zum Fuß des Roraima. Mitten im Urwald wird der Geburtstag der Königin Victoria mit einundzwanzig Schuß und drei Hurras gefeiert. Im Troß führen sie zwei Flaschen Rheinwein mit, um den Geburtstag des Preußenkönigs zu feiern. In Gedanken an die Verse, die man für gewöhnlich aufsagt, wenn man zwei verschlungene Initialen in die Rinde einer Esche ritzt, bemerkt Richard gefühlvoll, »die deutschen Dichter haben irrigerweise das Gurren der Tauben als Symbol für die Idylle gewählt«, weil sie nie die zärtlichen Liebesspiele des *psittacus passerinus* gesehen hätten. Die Frühlingsdüfte der amerikanischen

Pflanzen scheinen ihm von äußerstem Raffinement zu zeugen und delikater zu sein als die jeder europäischen Pflanze. Nebenbei: eine Blume, die von nun an in allen Enzyklopädien verzeichnet sein wird, haben sie *Victoria Regia* benannt. Andere Blumen werden als Huldigung an deutsche Prinzessinnen auf deren Namen getauft. Die beiden untadelig erzogenen Männer setzen ihren Weg zur Südflanke der Großen Savanne fort und wundern sich, daß die Wasserfälle – etwa der von Kamaiba – um so vieles höher sind als der von Gavarnie in der Schweiz. Selbst dem scheußlichen Trigonocephalus gegenüber bleiben die Eintragungen ins Reisetagebuch höflich. Weder Robert noch Richard verlieren die Haltung vor dieser Boa, »die uns unbedingt einen Besuch abstatten wollte«, und ebensowenig bei ihrer ersten Begegnung »mit einem Tapirweibchen von ungewöhnlicher Größe«. Ein orkanartiger Wind, der von der Sierra von Paracaima herabfegt, weht eines Tages mehrere Nummern der London-Times davon, welche die beiden Herren mitgenommen hatten. Richard vermerkt, man müsse »dieses Mißgeschick unter dem Blickwinkel einer zunehmenden Verbreitung von Zeitungen sehen«. Während des Aufstiegs in das Gebiet, das sie »das Pflanzenparadies« nennen, bringen ihnen Arekuna-Indianer im Schmuck frischer Blätter eine Huldigung dar. Und in Gedanken an die von Bäumen getarnten Krieger, die Macbeth geweissagt werden, bringt Richard es fertig, an passender Stelle ein feinsinniges Shakespeare-Zitat in seinen Text einzuflechten:

If this which he avouches doth appear
There is nor flying, hence, nor tarrying here.[2]

2 »Ist Wahrheit das, was seine Meldung spricht, / So ist kein Fliehn von hier, kein Bleiben nicht.« (Macbeth, V/5, zit. nach: William Shakespeare, Sämtliche Werke in vier Bänden, Bd. 4, Aufbau-Verlag Berlin und Weimar, 1964; S. 678) (Anm.d.Ü.).

Nachdem sie als erste den Roraima-Tepuy beschrieben und eine Flanke der Großen Savanne erkundet haben, setzen die Brüder Schomburgk, unterstützt von der britischen Krone (vor allem wegen der berühmten, zum Schaden Venezuelas gezogenen »Linie«), ihren seltsamen Lebensweg fort. Robert wurde englischer Konsul in Haïti und siedelte später nach Bangkok über. Richard beschloß seine Tage in Australien als Direktor des Botanischen Gartens von Adelaide. Er züchtete dort die schönsten Exemplare Victoria Regia, die man je gesehen hatte, und bereicherte durch seine Memoiren und anderen Mitteilungen Zolas üppige Beschreibung des Wintergartens in *La Curée* (dt. »Die Beute«), in den der Romancier die inzestuöse Liebe der Madame Saccard verlegte. Tatsache ist, daß sich einer der beiden Brüder bei den Wanderungen am Roraima verpflichtet glaubte, dem Kaziken der kleinen Indianersiedlung Camaiguaguán ein Geschenk zu machen – wie es sich eben für wohlerzogene Leute schickt, wenn sie gut empfangen worden sind. Das Präsent war eine solide gebundene Bibel. Überdies verlieh er dem Häuptling in einer formlosen, aber korrekten Taufe den Namen Jeremias.

Als die Besucher abgereist waren, versammelte Jeremias seine Arekunas und begann, das weit aufgeschlagene Buch vor seinen Augen, den heiligen Text zu erklären. »Am Anfang war das Wort.« Aber nein. Jeremias konnte nicht lesen. Am Anfang war nicht das Wort. Sondern die Axt. Die Axt mit der Schneide aus Feuerstein, mit der Macunaima – schlage, was du schlagen, schneide, was du schneiden kannst – Rindenstücke vom Großen Baum schnitt. Sobald die Rindenstücke in den Fluß fielen, wurden sie Tiere. Aber Macunaima sah sie nicht an. Er arbeitete weiter, hoch im Geäst – schlage, was du schlagen, schneide, was du schneiden kannst. Und das Rotwild erwählte als Wohnort die feuchten Schluchten, und die Vögel flogen in Voraussicht künftiger Nester in die Lianen. Und jedes Tier ließ je nach seinem Clan und seiner Art seine Zunge vernehmen. Da ließ Macunaima, das höchste Wesen, die Axt ruhen und schuf den Menschen. Der Mensch lag anfangs in tiefem Schlaf. Als er erwachte, sah er, daß die Frau an seiner Seite lag, und seit diesen Zeiten war es Gesetz, daß die Frau an der Seite des Mannes liege. Doch da geschah es, daß der Böse Geist, der Widersacher des Guten Geistes, großes Ansehen unter den Menschen gewann. Die undankbaren Menschen hatten Macunaima vergessen und riefen ihn nicht mehr mit den richtigen Lobpreisungen an. Da sandte Macunaima die großen Wasser, aus denen nur ein einziger Mensch auf einem Kanu entkam. Als eine lange Zeit vergangen war, dachte der Mann, daß Macunaima nun der großen Sintflut müde sei, und schickte eine Ratte aus, um festzustellen, ob die Wasser gesunken wären. Die Ratte kam zurück und hielt einen Maiskolben zwischen den Pfoten. Da warf der Mann aus dem Kanu Steine hinter sich, und so entstanden die Arekunas, die des Schöpfers liebste Menschen sind, wie jedermann weiß. Auch weiß jedermann, daß die Große Savanne der Ort ist, an dem die Schöpfung stattgefunden hat. Die Menschen, die hier leben, sind die Bewahrer der Großen Wahrheiten. Und jedesmal, wenn ein leuchtend weißer Flugkörper über den Himmel zieht – und einige Flugkörper, immerhin, wurden in einer Zeit, die sehr langsam dahinfloß, gesichtet –, wissen alle, daß der große Ara Uatoima zur Wohnstätte des Mannes fliegt, der nach der Sintflut die Welt neu bevölkert hat. Der Kazike Jeremias setzte seine Unterweisungen fort. 1903 traf ihn Doktor Elías Toro an, als er eben in Arekuna-Sprache über seiner alten Bibel sang. Über sechzig Jahre waren vergangen und hatten außer dem einen oder anderen Flug des großen Ara durch den Himmel weder große Unglücke noch denkwürdige Vorfälle gebracht. Unterdessen hatte Eberhard Im Thurm um das Jahr 1884 zum erstenmal den Gipfel des Roraima bestiegen. Doch Jeremias hatte sich über ein halbes Jahrhundert lang eine unauslöschliche Erinnerung an den Herrn Schomburgk bewahrt, der, als wäre es gestern gewesen, sein Gast und so korrekt, so höflich gewesen war. In seinen Händen hatte die Bibel den Rang eines Talismans, eines magischen Gegenstandes angenommen. Der Teufel spottete der Reformation, man lebte noch immer in den romantischen Tagen, als die Blumen auf die Namen deutscher Prinzessinnen getauft wurden. Hier, am Fuß unverrückbarer Felsen, stand sie still, diese Zeit, die der frenetische, immer kürzere und schwächere Generationen zeugende abendländische Mensch um jede ontologische Bedeutung gebracht hatte. Es war nicht die Zeit, die unsere Uhren und unsere Kalender messen. Es war die Zeit der Großen Savanne. Die Zeit der Erde in den Tagen der Erschaffung der Welt.

Es vergingen noch viele Jahre: der Körper des Häuptlings Jeremias überzog sich mit Schuppen, und die Frauen von Camaiguaguán sagten, die Frauen eines benachbarten Stammes brächten weniger Kinder zur Welt als sie und verstünden sich nicht darauf, ihre Männer zu entlausen, und darüber entstand ein Krieg, der mit einem Versöhnungstanz beschlossen wurde. Damals erschienen neue Bleichgesichter auf dem Weg zum Roraima. Männer, die die alte Ketzerei der Millenarier mitbrachten. Ein Reich Jesu, lehrten sie, werde sichtbar anbrechen auf Erden, die Toten würden wieder auferstehen, die Heiligen zurückkehren, und dann würden die gewaltigen Posaunen des Jüngsten Gerichts erschallen. Die Anwesenheit einer Bibel am Fuß der Meseta Madre erschien den Missionaren sicherlich als ein göttlicher Fingerzeig und veranlaßte sie, ihren Weg fortzusetzen. So begaben sich denn die Überbringer des Worts von William Miller auch wirklich in die Große Savanne, und als 1924 der venezolanische Forschungsreisende Lucas Fernández Peña in diese Gegend, das heutige Santa Elena de Uairén, kam, waren sie dort, ohne jemanden um Erlaubnis gefragt zu haben, fest etabliert. Der später Gekommene verstand sich nicht sonderlich mit den angelsächsischen Ketzern. Deshalb förderte er die Ankunft spanischer Kapuzinermönche, und diese gründeten die Mission, die wir 1931 nach einer wunderbaren Reise durch den Urwald besucht haben. Und so geschah es, daß die Bibel des Jeremias durch das Spitzbogenfenster verdrängt wurde und Fray Diego de Valdearenas, der eines Diego de Ordaz' Kaplan hätte sein können, mit vierhundert Jahren Verspätung in dieses Amerika kam.

Immerhin, bei ihrem Abzug hinterließen die Adventisten eine außergewöhnliche Persönlichkeit, die es mit allen zu Pferd durchgehenden Frauen, mit allen Ladies Chatterley aufnehmen konnte: die Frau eines der Missionare, eine blasse, blondhaarige Engländerin, die, von der tellurischen Welt der Großen Savanne verwandelt, in allen ihren Vorstellungen erschüttert, am Fuß eines abgelegenen Berges lebte und mit dem unerläßlichen Beistand zweier arekunischer Gatten Polyandrie trieb.

> Wohin denn schickst du Kolumbus,
> mir neuen Schaden zu tun?
> Weißt du nicht, daß seit langen Jahren
> ich dort Besitztum habe?

sagte der Teufel zur Vorsehung in einer der amerikanischen Komödien Lope de Vegas.

28. März 1948

Die letzte Suche nach El Dorado

Sehr breit ist dieser Weg,
ist's doch der Weg der vielen,
sie gehn dahin und suchen,
was keiner auf ihm erlangt.
José de Valdivielso

Nicht alle Conquistadoren wurden vor den Toren einer Werft oder in Bettüchern mit eingesticktem Astrolabium geboren, noch hatten alle eine frühe Berufung zum Seefahrer oder Pionier. Einer hatte Schweineherden in die Eichenwälder von Cáceres getrieben; ein anderer war Buchhalter und Agent der Bank der Medici gewesen; wieder andere waren Pagen, Truchsesse, Vihuela-Spieler gewesen; auch Hochgebildete gab es darunter, wie den Gouverneur von Veragua, »ein großer Mann im Komponieren von Villancicos für die Nacht des Herrn«. Selten hatte ein Conquistador die Statur eines Athleten oder trug die Sturmhaube höher als einer jener hinterhältigen Basken, die der neidische Diego Velázquez ausschickte, um einen Cortés in Ketten zu legen. (Insbesondere Ojeda und Nicuesa fielen durch ihren geringen Wuchs auf.) Darin standen die Conquistadoren, die vor gut zwanzig Jahren an den Karamata und in die Große Savanne kamen und bereit waren, bei diesem Abenteuer bis an die äußersten Grenzen ihrer Möglichkeiten zu gehen, in jeder Hinsicht in der großen Tradition. Die Geschichte, die mit Rodrigo Trianas Ruf: »Land! Land!« begonnen hatte, wurde nach einer Wartezeit von Jahrhunderten von ihnen wieder aufgenommen. Die Welt der seltsamen Formen rund um den braunen Kegel des Roraima sollte endgültig an das übrige Amerika angeschlossen werden, und zwar nach dem Willen eines ebenso kleinwüchsigen wie nervigen und harten Apothekerleins aus dem venezolanischen Carabobo und eines helläugigen Katalanen, der in Barcelona Trikotagenfabrikant gewesen war, ehe er den geheimnisvollen Ruf in sich vernahm, der ihn eines schönen Tages in den schillernden – einem Bruder von Johannes Brahms wohlbekannten – Hafen La Guaira verschlug und ihn dazu bestimmte, im Quellgebiet des Caroní Reisen zu unternehmen, die nur mit den bedeutendsten Forschungsreisen auf dem Kontinent vergleichbar sind.[3] Als Lucas Fernández Peña, der Valencianer, an die Ufer des Uairén gelangte – während zur gleichen Zeit Félix Cardona in Begleitung von Juan Mundó zum Fuß des Auyán-Tepuy aufstieg –, war die Große Savanne aufgeteilt unter die wichtigsten Stämme der Taurepan- und der Karamakoto-Indianer, die zu dem großen Konglomerat der karibischen Arekuna-Indianer gehörten. Die primitiven, von den Guaharibos abstammenden Sherishanas und Wapishanas waren talwärts ins Quellgebiet des Cotinga, des Arabapó und des Caura verdrängt worden von Leuten, die fleißiger und erfindungsreicher waren, die ständig Schleifsteine und Maismahlsteine nötig hatten und Lieder kannten, die zu reiner Lust und Freude gesungen wurden – es muß ja nicht alles, was aus voller Kehle kommt, Krankenbeschwörungs-Musik und Ventriloquenz für den Hausgebrauch sein –, Leute, die fähig waren zu begreifen, daß ein Korb gewinnt, wenn die Figur eines Frosches rot in ihn eingeflochten wird, und daß es einen seltsamen und schwer zu erklärenden Genuß bereitet, Lehmkügelchen in Schildkröten, Kaimane, Tapire und Ameisenbären zu verwandeln. Aus diesem Grund modellieren die Taurepanes seit ältesten Zeiten den Lehm, und es gibt auch solche, die eine andere Art der Darstellung bevorzugen und zeichnen: Frauen bei der Zubereitung des Kassawe, Zauberkundige beim Aderlaß eines Kranken, Jäger beim Abschießen ihrer Pfeile vom

3 Die Abenteuer des Forschungsreisenden Félix Cardona sind ein schier unglaublicher Roman. Einige seiner außergewöhnlichsten Reisen unternahm er ohne Waffen und ohne jegliche Begleitung. Er bestieg als erster den Gipfel des Auyán-Tepuy. Auf einer seiner Reisen verschlangen Fische im Karibischen Meer binnen Sekunden den Sohn seines Freundes Juan Mundó.

Bogen. Wieder andere, die Gelehrtesten, stellen Landkarten her, auf denen die Flüsse zu erkennen sind, die von den vollkommenen Tafelländern des Roraima und des Kukenán herabfließen.

Vor nicht sehr ferner Zeit führten die Taurepanes und die Karamakotos blutige Kriege gegeneinander. Aber seit vielen Jahren herrscht Frieden im Schatten der Berge. Die Menschen begriffen, daß sie nicht mehr die gleiche kriegerische Kraft besaßen wie die Großen Kariben, ihre Vorfahren, die zwei Jahrhunderte lang auf ihrem geheimnisvollen Zug nach Norden alle Männer anderer Rassen töteten und die Frauen der Arawaks schwängerten – ohne deshalb die rituelle Päderastie aufzugeben. Nur das Erscheinen der Spanier hatte damals ihren Vormarsch aufhalten können, als sie bereits, von einer Insel überspringend zur anderen und die schwächeren Taínos vor sich hertreibend, im Begriff standen, das – wie behauptet wird – letzte Ziel ihrer langsamen, aber sicheren Invasion zu erreichen: das Reich der Maya, von denen sagenhafte Kunde an die Mündungen der großen Flüsse gedrungen war. Wo immer sie wanderten, beobachteten Lucas Fernández Peña und Félix Cardona – obgleich Tausende von Meilen Urwald zwischen ihnen lagen – den Kult, der hier den karibischen Vorfahren dargebracht wurde. Heldentaten ohne Zahl schrieben ihnen ihre zahmeren Nachfahren zu: sie hatten sogar die Macht besessen, die Erdgestalt zu verändern. Man wußte, daß sie, die Kariben, diesen Felsblock mit dem annähernd menschlichen Profil aufgeschichtet hatten; man wußte, daß jener Wasserfall ihrem Fleiß zu verdanken war, auch jene Verbindung zwischen zwei Flüssen und ebenso die Zeichnungen auf »dem Stein, der spricht«. Denn die Großen Kariben hatten es fertiggebracht, Tunnels im Felsgestein zu öffnen, Wälder nach Gutdünken zu versetzen und Wasserläufe unter die Erde zu verlegen. Sie waren diejenigen Wesen, die nach den Demiurgen die größte Macht auf Erden besessen hatten. Sie waren die Wanderer, die Nutzen zogen aus allem, was von schwächeren Invasoren erfunden worden war. Auf der Suche nach einem Reich, einem gelobten Land, wo sie sich niederlassen konnten, lebten sie zwischen dem 14. und dem 16. Jahrhundert in diesem – Europa noch unbekannten – Amerika das große, obskure Völkerwanderungs-Epos, das wir in den ersten dunklen Kapiteln jeder Geschichte des Menschen finden. Nachdem Lucas Fernández Peña dieses Ufer des Flüßchens Uairén als geeigneten Ort für eine Stadtgründung gewählt hatte – die Brücke, auf der wir ihn überquerten, ist in perfekter Taurepana-Technik gebaut, genau wie Theodor Koch-Grünberg sie gezeichnet hat –, baute er sich in geringer Entfernung von einem winzigen Indianerdorf sein Haus. Dann ließ er sich von den hochgelegenen Weidegründen Brasiliens, über die tosenden Wasser des Kukenán, Tiere bringen, die sich zum Nutzen des Menschen paaren konnten. Wie William Blakes Adam die Tiere zum erstenmal benannte, so zeigte der kleine Apotheker aus Valencia den Taurepanes eines Tages ein sanftblickendes Tier mit schwellenden Eutern und sagte ihnen, daß es »Kuh« heiße. Und so wußten die Leute, daß es eine Kuh war. Und das gleiche geschah mit dem Schaf. Und das gleiche geschah später mit dem Maultier, nachdem das Geheimnis bestimmter Kreuzungen erörtert worden war. Das Pferd ist noch heute, wie eh und je, ein höchst bemerkenswertes Tier und sein Anblick erstaunlich, da es noch keinen Weg gibt, der vier eisenbeschlagenen Hufen den Aufstieg zur Großen Savanne von der venezolanischen Seite aus gestattet: ein Tier, das dem Reiter Kunstfertigkeit, Zähmarbeit, Listen abverlangte und das europäischer Kultur in Amerika immer einen Anstrich von reiterlicher Kraft verlieh. Doch trotz der Majestät des Pferdes – das sie freilich mehr durch seinen Verwandten, das brasilianische Maultier, als durch sein eigenes, Gegenwart bezeugendes Wiehern kannten – wunderten sich die Arekunas noch immer, daß Menschen derart abstoßende, für die Ernährung so ungeeignete Dinge wie Vogeleier und Schweinefleisch essen mochten. Hingegen vervollkommneten sie die Technik der

Stierkastration und machten den Ochsen zu ihrem Lasten- und Pflugtier. Unterdessen durchwanderte Lucas Fernández Peña die Gegend. Er sammelte Kenntnisse über die Welt, die er nie wieder verlassen sollte. Er untersuchte das Gestein, entdeckte unvermuteten Glanz. Und eines Tages dachte er, daß es Zeit sei, eine Frau zu nehmen, denn wer eine Stadt gründen will, muß zuerst eine Familie gründen und sie regieren.

Noch heute erinnern sich die Leute der Großen Savanne an den gewaltigen Jubel, mit dem die Hochzeit des Entdeckers mit einer Einheimischen begangen wurde, einer Frau, schön, kräftig und wie geschaffen, eine gute Mutter zu werden. Bald tummelten sich drei Töchter: Elena, Teresa, Isabel im Heim des Apothekers. Und als die Schäfchen schon am Fuß des Acurima herumsprangen und vorauszusehen war, daß der Weg mit je einem Haus auf der Seite der Hauptplatz einer Siedlung werden sollte, wurde der Ort nach der Schutzpatronin der kleinen Elena Santa Elena de Uairén genannt. Die erste Stadt in der Großen Savanne war gegründet worden, genau wie eines Tages Santiago de Cuba entstanden war. Danach wurde Santa Teresa de Kavanayén gegründet. Danach die Stadt Santa Isabel. Nie machte ein Vater seinen Töchtern reichere Geschenke als dieser, der jeder von ihnen eine Stadt in die Wiege legte. Überdies erwies sich bald, daß diese Städte in der Tradition jenes Dorado stehen würden, das Raleigh einer dunklen Eingebung zufolge in die Welt des oberen Caroní verlegt hatte. Als sich eines Tages in der Nähe des Surukún-Flusses der Pickel des Forschungsreisenden in die Flanke des Parai-Tepuy grub, stieß er auf eine Gold- und Diamantenmine. Der Wind trug den Geruch nach Gold in alle Richtungen – einen Geruch nach der Ruderbank in den Conquistadoren-Galeonen, nach barocken Altarbildern, nach Königswasser –, und schon begannen Abenteurer, Schatzgräber, Männer mit Wühlhänden das Tafelland zu durchstreifen und die Gebirgsflüsse hochzufahren. Es kam eine Zeit der Gewalttaten, der Hinterhalte, der Betrügereien. Bergleute, denen vom brasilianischen Boa Vista aus nachgestellt wurde und die auf einem allzu reichen Stück Schlamm kaltblütig ermordet wurden. Man erlebte die immer gleiche mythische Tragödie, die den Fund jedes Schatzes begleitet, seien es eingemauerte Krüge, Truhen alter Geizhälse oder Koffer, die jemand auf einer Felseninsel im Antillen-Meer versteckt hatte. Und eines Tages kam zu allem Überfluß ein Diamant von hundert Karat ans Tageslicht und ließ selbst Männern, die noch nie etwas von der Großen Savanne gehört hatten, den Atem stocken.

Der kleine Apotheker aus Valencia setzte sein großes Werk trotz alledem hartnäckig fort. Da die Stadt nun einmal gegründet war, mußte er – wie einst Pizarro in Lima – den Hauptplatz abstecken, den Platz für das Regierungsgebäude und die Kathedrale bestimmen. Den Bau der Kathedrale übernahmen die fleißigen, bärtigen Kapuziner, die kurz zuvor angekommen waren: sie errichteten ein Holzkreuz auf dem höchsten Punkt eines Strohdaches – wie ehemals Alonso de Ojeda in Kuba, als er eine der ersten Hütten der Heiligen Jungfrau weihte. Den Bau eines Hauses für die Regierung – in der Person eines bürgerlichen Oberhauptes – übernahm ein Nachbar, der auf Ordnung hielt und ein Reittier besaß: alles in allem ein Caballero in genau der Bedeutung, welche die Ritter- und Knappenwürde verleihenden königlichen Urkunden über die Kolonisierung im 16. Jahrhundert diesem Wort beimaßen. In der Tat entwickelte sich die Stadt ganz nach dem Muster der großen Tradition der Conquista. Es gab praktisch einen Gemeinderat (cabildo), ein Gericht und Stadtverwalter (regidores). Die spanischen Mönche, die ein Spanisch mit altehrwürdigem Akzent sprachen, unterrichteten die Indios in der christlichen Lehre. Gesetze von allgemeinem Interesse wurden erlassen, die sich vermutlich wenig von den vor Zeiten vom Gemeinderat in Caracas getroffenen Bestimmungen unterschieden: »Wenn ein Bergarbeiter eine Ader oder eine Grube entdeckt, und sei es Grobgold zum Ausmahlen, so ist der Bergmann verpflichtet, dies den Behörden oder dem Gemeinderat dieser Stadt anzuzeigen.« Ein Grundstück wurde zum Friedhof bestimmt: in seinen Gräbern ruhen bis heute nicht mehr als vier Menschen, und diese waren Unglücksfällen zum Opfer gefallen, denn das wunderbare Klima der Großen Savanne gehört nicht zu denen, die Krankheiten fördern. Eine Polizeistation schob den Gewalttätigkeiten der brasilianischen Schürfer einen Riegel vor. Eine Gemischtwarenhandlung wurde eröffnet. Ein paar Bücher tauchten auf. Ein Fakir aus Manaos gab eine denkwürdige Varieté-Vorstellung, bei der man auch drei Odalisken applaudieren konnte: sie sangen in Portugiesisch, und ihre Stimmen klangen nach einer neuntägigen Reise durch den Urwald ein wenig matt. Ein großes Porträt von Camille Flammarion schmückte das Zimmer von Lucas Fernández Peña, das als Schreibstube, Bibliothek, Büro und Apotheke diente. Die in Santa Elena geborenen Kinder sangen bereits das Abc nach dem Takt des Schlangentöter-Stocks von Fray Diego de Valdearenas. Da kamen eines Tages auf Mauleselrücken von den Ufern des Rio Negro drei große Tonkrüge. Drei Tonkrüge von verschiedener Größe und bemalt mit den Namen Elena, Teresa und Isabel. Sie sollten den Durst der Durchreisenden stillen. Denn wer an der Schwelle des Hauses des Stadtgründers Rast macht, erhält Wasser aus dem Tonkrug. Der Tonkrug vertritt die Hand, die den kühlen Trunk spendet. Elena, Teresa, Isabel. Drei Mädchen. Santa Elena, Santa Teresa, Santa Isabel. Drei Städte. Ihre Namen sind schon Teil der großen Legende Amerikas und werden in künftigen Büchern genannt werden wie die Namen der Frau des Nacht-Zauberers und der Frau des Mond-Zauberers im *Popol-Vuh*. Reich wurde der Städtegründer, der Diamanten- und Goldminen-Entdecker bei alledem nicht. Und er wurde deshalb nicht reich, weil er etwas entdeckt hatte, was jenseits gemeiner Goldgier lag: die Nutzlosigkeit des Goldes für jeden, den es nicht danach verlangt, in eine Zivilisation zurückzukehren, die die Atombombe nicht nur erfunden, sondern auch – wie Heidegger – metaphysische Rechtfertigungen für ihren Gebrauch gefunden hat. So wie Paracelsus die Suche nach dem Stein der Weisen einstellte, sobald die ersten mit Gold beladenen Galeonen aus Amerika eintrafen, so begriff auch der kleine Apotheker, nachdem er sein Haus gebaut, seine Familie gegründet, seine Stadt nach eigenem Gutdünken entworfen hatte, was die wahren Reichtümer des Menschen sind. Voll Verachtung für Bergleute, die den Schlamm der Flüsse durchwühlen auf der Suche nach einer Art Alchemie, an der schließlich doch nur die Spielsäle und die Kneipen von Ciudad Bolívar reich werden, geht Lucas Fernández Peña tief in den Urwald, sieht, was andere Menschen nicht gesehen haben, und erfüllt so seine innere Berufung zum Entdecker. Monatelang erfahren Elena, Teresa und Isabel höchstens von einem Durchreisenden etwas über ihren Vater, dem er vielleicht in einem abgelegenen Tal, auf einem unbekannten Ausläufer der Sierra de Parima begegnet ist. Wenn er nach Hause kommt, holt er seine Wasserfarbtöpfchen hervor und zeichnet Landkarten und verschönert sie mit Farben, die erstaunlich an die der alten Kartographien erinnern. Seine Darstellungen unbekannter Gegenden haben viel von der Technik eines Mercator oder Ortelius, so als müßte jeder Winkel der Erde erst die gleichen figurativen Etappen durchlaufen, ehe er in die Vorstellungen des Menschen eingehen kann. In diesen Landkarten, die ich eben betrachte, sind weite Gebiete, Zonen vom Umfang einer spanischen Provinz, rot ausgemalt, und darauf steht nur ein einziges Wort: GEFAHR. Es ist noch zu früh, um den Zauber zu brechen, der von diesen Farbflecken ausgeht, von diesen aquarellierten Wüsteneien, diesen geographischen Leerstellen – denen gleich, die auf mittelalterlichen Landkarten den Ankerplatz von Sankt Brandanus' schwimmenden Inseln oder die Heimat des Einhorns und Oliphants und die Lage des Irdischen Paradieses verzeichneten. Lassen wir ihm das Geheimnis dieser Gefahren, ihm, dem Mann, der in dieser Großen Savanne die gleichen Kräfte entfaltet hat, die der köstliche Text der Gesetzbücher Alfons' des

Weisen vom Seemann verlangt: »daß sie mutig genug sind, der Gefährlichkeit der Feinde und der Furcht vor ihnen standzuhalten, und ferner, dieselben feurig anzugreifen, falls es nötig wäre«. In der großen Stille dieses ungeheuren Tafellandes, wo man seit sechs Monaten keine Zeitung zu sehen bekommen hat, ertönt kräftig die Stimme des kleinen Apothekers, der einen lebenden Merkurstab in der Hand hält: um seinen Stock winden sich – ein hippokratisches Knäuel – drei schwarze Schlangen, die er eben vor unseren Augen getötet hat.

– Ich bin ein Abenteurer, Señor.

– Und wie sind Sie hierhergekommen? fragt jemand.

– Zu Fuß, Señor.

– Und was hat Sie in diese Gegend gezogen?

– Die Legende, Señor.

Welcher Legende konnte der Städtegründer bis an den Fuß des Roraima gefolgt sein, wenn nicht der Legende von El Dorado? Ihr, die einst des tyrannischen Aguirre und des deutschen Hutten und des Gouverneurs Antonio Berrio und des gewitzten Politikers Raleigh Habgier entfacht hatte. Ihr, der die Europäer jahrhundertelang nachjagten, und dabei, seltsam genug, die Absicht, das Gold von Manoa zu ergattern, mit der Sehnsucht vereinten, ein Utopia vorzufinden, einen Sonnenstaat, ein Neues Atlantis, ein Ikarien, wo die Menschen weniger verrückt, weniger habsüchtig wären und eine Geschichte lebten, die sie nicht mit dem linken Fuß begonnen hätten. In Amerika hatte Thomas Morus sein Utopia angesiedelt; auch Campanellas *Sonnenstaat* hätte sich in Amerika finden sollen. In Amerika hatte Etienne Cabet tatsächlich sein unseliges Ikarien gegründet. Und genau hier in Manoa sagte der unvermeidliche Vernunftmensch des französischen 18. Jahrhunderts zu Candide: »Da wir rings von unwegbaren Felsen und ungeheuren Abgründen umgeben sind, blieben wir immer von der Raubgier der Europäer, von ihrem unstillbaren Verlangen nach den Kieseln und dem Kot unseres Landes verschont.« Es ist interessant zu beobachten, daß Männer wie Lucas Fernández Peña und Félix Cardona, die Entdecker von Gold- und Diamantenlagern, die anderen Gewinn gebracht haben und längst zu organisierten Unternehmen geworden sind, nie echte Anstrengungen unternahmen, um sich durch ihre Funde zu bereichern. Vielleicht, weil diese Männer in dem großen Abenteuer der Einsamkeit, der Gefahr, des Willens, welches das Leben des Seefahrers im Urwald mit sich bringt, die unreine Etappe, den Durst nach mühelos erlangten Reichtümern in sich selbst überwunden und dafür die eigentliche, die innere Utopie gefunden haben. Die in Werken greifbare, in der Erinnerung nachvollziehbare Utopie eines erfüllten Lebens, eines unvergleichlichen Schicksals, einer auf Taten gründenden Existenz, einer totalen Verachtung für leicht erreichbare Nichtigkeiten. Thomas Morus sagt, Raphael Hythlodeus habe bei der Beschreibung der Insel der Utopier »auf die Schilderung der Fabelwesen verzichtet, da sie nichts Neues zu bieten haben. Denn der Scylla, der reißenden Kelaino, den völkerverschlingenden Lästrygonen und anderen, ähnlich fürchterlichen Wunderwesen begegnet man fast an jedem Ort, während es so viel schwieriger ist, weise und gerecht regierte Bürger zu finden.«

Vielleicht ist es das, was der kleine Apotheker aus Valencia in der grandiosen Einsamkeit der Großen Savanne gesucht hat. Ein Land ohne Regierung, das sich selbst weise und gerecht regiert. Dieser Abenteurer, der auf der Suche nach El Dorado zu Fuß hier angekommen war, hatte vor mehr als zwanzig Jahren eine brüchige Realität: hartes Brot, Schmeichelei und Teufelsdreck, hinter sich gelassen und dafür in Santa Elena de Uairén unter einem Dach aus Palmstroh, an der Seite einer Frau aus der Schöpfungsgeschichte ein Utopia nach dem Maß seiner geheimnisvollen Berufung und seiner tiefsten Sehnsüchte gefunden. »Nur die werden würdig sein, das Geheimnis der Verwandlung der Metalle zu finden, die selbst aus dem Gold, das sie gewinnen, keinen Vorteil ziehen«, lautet eines der Grundgesetze der Alchemie – ein okkultes Gesetz, das wahrscheinlich das echte große Geheimnis von El Dorado ist.

9. Mai 1948

Ciudad Bolívar, die Metropole am Orinoco

Für Raúl Nass, dem ich das Glück dieser unvergeßlichen Reise verdanke.

Nach einem klaren Morgen, den wir unter der eiskalten Fontäne eines Wasserfalls begannen – wir hatten gerade eine unangenehme Begegnung mit einer Klapperschlange hinter uns –, gehen wir zur Landebahn von Santa Elena, wo die Motoren unseres Flugzeugs mit drängendem Dröhnen rufen. Für den heutigen Tag ist der Abflug vorgesehen, allerdings bedeutet dieser Flug keine Rückkehr, denn erst jetzt beginnen wir die zweite Etappe unserer Reise, die uns in eine ganz andere Welt, die des Oberen Orinoco, führen soll. Der Himmel zieht sich überraschend schnell zu, und schwere Wolken senken sich auf die Hochebenen der Großen Savanne herab. Kaum haben wir abgehoben, müssen wir schon den Kurs ändern, um einer großen Schlechtwetterfront auszuweichen, die sich am Oberlauf des Caroní von Minute zu Minute weiter ausdehnt. Das bietet uns die Möglichkeit, das Becken des Cuyuní – eines weiteren nahezu unerforschten Flusses – zu überfliegen und die Grenzen Britisch-Guayanas zu streifen.

Doch das schlechte Wetter zwingt uns, höher aufzusteigen, und unsere Hoffnungen werden enttäuscht. Von dieser Landschaft bleibt uns nur der dramatische Anblick zweier wie Kamelhöcker aussehender Berge, die ein heftiger Wind aus den Wolken hervortreten läßt, und eines in sich verschlungenen Flußbetts, das sich so dicht um sich selbst windet, daß es sich an manchen Stellen überschneidet und den eigenen Lauf kreuzt, als zeichnete es im tiefsten Urwald Buchstaben eines unbekannten Alphabets. Die mangelnde Sicht hat den Vorzug, daß sie den Passagier nötigt, sich mit seinen eigenen Gedanken abzulenken, und so erinnere ich mich durch eine Assoziation geographischer Bilder an Alfred Clerec Carpentier, meinen erstaunlichen Urgroßvater und den ersten Amerikaner meiner Familie. Er erforschte um die Mitte des neunzehnten Jahrhunderts diese Gebiete Guayanas und brachte als liebenswerte Trophäe das Paar Manschettenknöpfe aus guayanischem Gold mit, das ich jetzt trage. Er war Fregattenkapitän, Sohn eines Schiffskommandanten, der in der Schlacht von Trafalgar den Heldentod gestorben war. Meinen Urgroßvater, der also aus einem alten Seefahrergeschlecht stammte, hatten schon in sehr jungen Jahren die Erkundungsmöglichkeiten gereizt, die sich in manchen jungfräulichen Gegenden Amerikas boten. Die heute immer noch beinahe vollständig unbekannten Landstriche Guayanas, dieser Schatzquell, lockten ihn ganz besonders. So konnte er erreichen, daß ihn die französische Admiralität mit der Erkundung des Oyapox oder Ooiapoc, des auf Hunderten von Kilometern schiffbaren Grenzflusses zwischen Französisch-Guayana und Brasilien, beauftragte.

Alfred Clerec Carpentier ging wie die alten spanischen Conquistadoren vor: Als erstes entwarf und baute er ein Schiff, das auf einem Fluß voller verräterischer Strömungen und möglicherweise vorhandener Klippen fahren konnte. Sobald man die *Oyapox* – so hieß das Schiff – auf einer französischen Werft fertiggestellt hatte, geriet mein Urgroßvater jedoch in den Ruf, verrückt zu sein, denn die Leute fragten sich nun mit unterdrücktem Lachen und einem gewissen Recht, wie man jenes Dampfschiff mit dem flachen Boden in die Neue Welt bringen sollte. Aber der unerschrockene Seemann hatte alles im voraus bedacht. Mit einer sorgfältig ausgewählten Mannschaft von wagemutigen Bretonen bewältigte er die unglaubliche Heldentat, *den Atlantik auf einem Flußschiff (!) zu überqueren*, und ohne größere Schwierigkeiten traf er in Guayana ein. Seitdem trug die Besatzung den ehrenvollen Beinamen *Oyapox*, und der denkwürdigen Leistung meines Urgroßvaters war es zu verdanken, daß andere Familienmitglieder, die sich auch vom Zauber Amerikas verführen ließen, nach Kuba, Kolumbien oder in die Länder Mittelamerikas auswanderten und lateinamerikanische Kinder hatten.

Diese Erinnerungen lenkten mich von der ermüdenden Abgeschiedenheit in dem Flugzeug ab, das nicht aus den Wolken herauskam, als auf einmal, in einem hellen, breiten Sonnenstrahl, nach Osten zu der Orinoco auftauchte und den weiten Horizont abschloß. Und ich habe gesagt, daß er »den Horizont abschloß«, denn bis ich den Orinoco kennenlernte, vermochte ich mir niemals vorzustellen, daß ein Fluß – etwas mit scharfen Konturen, ein zwischen Ufern eingezwängter Wasserweg – an der Grenze eines Gesichtsfeldes liegen und den trügerischen Eindruck eines Meeresarms erwecken könnte, als bezeichnete sein Ufer das Ende eines Festlandes. Der Vater Orinoco bittet nämlich nicht – wie jene Flüsse, die sich in ihrem Lauf vom Bodenrelief bestimmen lassen – das Land um Erlaubnis, dort strömen zu dürfen, wo er Lust hat: Ganz im Gegenteil sieht es so aus, als hätte der Vater Orinoco das Land mit einer riesigen Pflugschar durchbrochen, als hätte er es geteilt, es wie etwas Schwächliches, etwas von äußerst erbärmlicher Beschaffenheit an beide Seiten seines Wassers geschleudert. Wo der Orinoco ist, zählt allein der Orinoco.

Es scheint, als hätte sich die Erde vor dem majestätisch fließenden, tiefen, von Schlamm getrübten Strom verängstigt auf den Bauch geworfen. In seiner mächtigen Einheit wird er von Wirbeln und gegensätzlichen Strömungen aufgewühlt, die seine unerschütterliche Erscheinung nicht im mindesten beeinträchtigen. Der Orinoco empfängt an seiner rechten Seite das Wasser des Caroní, des Sohnes der Katarakte, die von den im Himmel verlorenen Hochebenen herabstürzen, doch zuvor hat er schon die stürmisch dahineilenden Wasser des Meta mit denen solcher Flüsse wie des Apure und des Caura vereinigt. Diese sind – wegen der Länge ihres Laufs wie auch wegen ihres imponierenden Aussehens – weitaus bedeutender als manche europäische Flüsse, die eine lyrische Rhetorik zu riesenhafter Größe anschwellen läßt und die in Wahrheit wenig Wasser führen. Ehe der Orinoco in den Armen seines Deltas tausend Inseln hervorbringt, hat er sich mit Gesteinstrümmern, kupferfarbenem Sand und gelbem Harz gefärbt, die er den Ufern größerer Inseln entriß. Nach göttlichen und menschlichen Begriffen heißen diese Altagracia, Rosaria, Infierno (»Hölle«), Mística (»Mystik«), Isabel, Rafael, Tigrita (»Tigerkatze«), Rabopelado (»Opossum«) und Ratón (»Maus«).

»Wir mußten am Ufer des Festlandes ankern, rechter Hand, zwischen zwei Bergen ...«, schrieb Sir Walter Raleigh, als er der englischen Königin Elisabeth seine erste Fahrt auf den Wassern des Orinoco schilderte. »Am Ufer des Festlandes [...], zwischen zwei Bergen.« Schon allein diese schlichten Halbsätze legen eine Größenordnung fest.

Das geschichtsträchtige Angostura

Ciudad Bolívar – das frühere Angostura, der Ort des historischen Nationalkongresses – überragt den Orinoco auf einer sanft ansteigenden Höhe. Nachdem der Fremde den hochmodernen Flugplatz und ein elegantes Wohnviertel, das in Havanna liegen könnte, hinter sich gelassen hat, kommt er in die Altstadt, mit deren Bau man 1764 begonnen hatte und die ihre vornehme Ruhe glücklicherweise bewahrt hat. Die Bauweise der Häuser mit ihren Gittern aus gedrechselten Holzstäben, mit ihren Ziegeldächern und Balkonen gleicht der gewisser kolonialzeitlicher Villen in Trinidad, Santiago de Cuba oder Pátzcuaro. Manchmal entdeckt man jedoch an einem höchst prunkvollen Herrenhaus sorgfältig gestaltete Arabesken und Ornamente unter dem Traufdach der Hauseingänge, die experimentierfreudige Kunsttischler aus dem massiven Holz herausgeschnitzt haben und die den berühmten Gittern mancher Häuser in Louisiana ähneln.

In architektonischer Hinsicht fehlt der Kathedrale mit ihrem Rundturm und ihrem langen Kirchenschiff, dem sich ein überaus romantisch wirkender Tropengarten anschließt, ein einheitlicher Charakter, wie dies bestimmten in Amerika am Ende des achtzehnten Jahrhunderts errichteten Sakralbauten eigentümlich ist. Andererseits gibt es einige Eigenheiten, die sich anbieten, in naher Zukunft einen deutlich amerikanischen Stil zu inspirieren. (Das Fehlen eines großen Stils kann einen Stil prägen; erst heute verstehen wir allmählich die faszinierende Schönheit mancher Rocaille-Ornamente, die Anmut des Rokokos, die offenkundige Poesie der Baldachine und Spiegel des Second Empire.) Gleich vielen anderen, wahrscheinlich von baskischen Baumeistern errichteten Kirchen auf dem Kontinent, zeigt uns die Kathedrale von Ciudad Bolívar in ihrem Mittelschiff jenes altbewährte und zugleich rustikale Gebälk mit den in zweckmäßigen Winkeln stehenden Kragsteinen, das wir auch in den Fischerorten am Golf von Biskaya finden können. Der unausbleibliche, andeutungsweise barocke Sankt Georg mit dem von einem Federbusch gekrönten Helm, dem kleinen samtenen Wams und den Halbstiefeln schwingt sein Schwert im Dämmerlicht der gekalkten Gewölbe. Seine Kleidung gleicht weitgehend – darauf hat mich Louis Jouvet eines Tages in der kubanischen Kirche Santa María del Rosario hingewiesen – jener der französischen Tragöden, die im achtzehnten Jahrhundert die großen Rollen Racines verkörperten. Im Chor steht eine urtümliche Orgel mit zwanzig auf einem Holzrahmen angebrachten Orgelpfeifen – offensichtlich hat man sie in Amerika gebaut, wie eine andere, die in Trinidad stand. Ihretwegen würde der ehrwürdige Pater Guillermo Furlong, der gelehrte Erforscher der kolonialen Organographie, auf die Knie sinken. Ein Grabstein neben dem Hauptaltar trägt folgende Inschrift, die alle Elemente eines großen Romans im Rohzustand enthält:

JOSÉ A. MOHEDANO
ZWEITER BISCHOF VON GUAYANA
GESTORBEN 1804
ER BRACHTE DEN KAFFEE NACH VENEZUELA

Nachdem wir durch den Park gelaufen sind, befinden wir uns jetzt in einem rechteckigen Saal mit knarrendem Dielenboden. Dort hat sich eines der außerordentlichsten Ereignisse in der Geschichte Amerikas abgespielt. Ein Ereignis, das außerordentlich war wegen seiner Vorbedeutung, wegen einer seherischen Gewißheit, die nicht davor zurückschreckte, sich im Fall einer Niederlage lächerlich zu machen. An diesen unbequemen Tisch mit den von der Zeit geschwärzten Intarsien setzte sich Simón Bolívar, als er in seiner eigenen Geschichte das war, was der Schafhirt David für die Geschichte Davids bedeutete. Denkt an Kolumbus, als er von der Saltesbank abfuhr: »Wir segelten bei starkem Seewind bis zum Sonnenuntergang sechzig Seemeilen nach Süden.«[4] Denkt an den verschuldeten, einsamen, verfolgten Wagner, der Musikdramen für ein Theater schrieb, das es in Europa noch nicht gab. Denn als Simón Bolívar am 15. Februar 1819 die Delegierten zum Kongreß von Angostura zusammenholt, hat er noch nicht die Anden überquert, hat er Neugranada noch nicht befreit; seine besten Befehlshaber gehorchen ihm nur widerwillig; die republikanische Sache scheint gänzlich verloren. Trotzdem ist gerade das der Augenblick, den dieser ruhelose kleine Mann mit dem für seine Umgebung zu gründlich prüfenden Blick und mit der für seine Zeit zu hohen Stirn auswählt, um einen Kongreß am Ufer des Orinoco, in der alten Stadt Santo Tomás de la Nueva Guayana, einzuberufen. Freiherr von Humboldt hatte sie neunzehn Jahre zuvor betreten – fieberverseucht und von schrecklichen Kaimanen umzingelt, deren Gewohnheiten die Uferbewohner so eingehend studiert hatten, »wie der Torero die Gewohnheiten des Stiers studiert hat«.

In dieser – überaus feindseligen – Atmosphäre tritt nun ein Kongreß zusammen, der nichts Geringeres beansprucht, als die edle und wahnwitzige Idee einer verfassungsmäßigen Re-

4 Christoph Columbus, »Schiffstagebuch«, 1980, Philipp Reclam jun., Leipzig, Übersetzung von Roland Erb; S. 7 (Anm.d.Ü.).

gierung durchzusetzen. In ihren goldgerahmten Porträts leben die Männer fort, die in tiefstem Ernst diesen Kongreß bildeten, der damals lediglich ein Schattenkongreß war – Schatten, die manchmal im altherkömmlichen Ton der Enzyklopädisten vom »Glück des Menschengeschlechts« sprachen. Nachdem Bolívar zum provisorischen Präsidenten ernannt war, rüstete er unverzüglich Barkassen aus, um den Fluß zu überqueren. Dem strengen, scharfsinnigen und hageren Francisco Antonio Zea überließ er die Leitung der phantomhaften Exekutive. Und am 7. August kam es zum Sieg von Boyacá. Alles vor dem Kongreß von Angostura mit dichterischer Verwegenheit Erträumte war nun Wirklichkeit. An diesem kleinen Tisch, den wir jetzt berühren, hatte der Befreier das einzigartige Glück, einen großartigen Feldzug vorauszuplanen, ohne vor seiner eigenen Kühnheit zurückzuschrecken. So manche Stunde gab es, da Bolívar in diesem Saal die Zukunft erlebte, die Gegenwart in Vergangenheit und die Windmühle in einen wirklichen Riesen verwandelte, der sich leichter von der sausenden Schleuder Davids als von der Lanze des Ritters von der Mancha verwunden ließ.

Und jetzt, nachdem wir an einem Getränkeladen vorbeigekommen sind, der den literarischen und für die Llanos bezeichnenden Namen *Cantaclaro*[5] trägt – in allen Ländern Amerikas bedeutet *cantar claro* (»klar singen«) oder *cantar liso* (»deutlich singen«) – *Cantaclaro*, *Cantaliso* – immer auch, daß man an politische Zensur oder lebhaften Übermut denkt –, stehen wir vor dem Orinoco. Aber das hier ist nicht der wahrhaftige Fluß. Es ist nicht der, den wir vom Flugzeug aus gesehen haben, und auch nicht der, den wir sehen werden, wenn wir den Fluß hinauffahren. Ciudad Bolívar hieß früher Angostura – »Enge« –, gerade weil sich der runde Glockenturm seiner Kirche über der engsten Stelle des Orinoco erhebt. Hier wird der Vater der Flüsse in eine Rinne aus

5 (»Der Klarsingende«); Roman von Rómulo Gallegos (1934), der das Schicksal eines fahrenden Sängers schildert (Anm.d.Ü.).

schwarzen Felsen *(lajas)* eingezwängt, und er verliert das an Breite, was er an Tiefe gewinnt. Doch ein Ortsfremder reist ja nicht mit einem Senkblei in der Tasche. Deshalb darf man den Orinoco nicht nur von der Mole Ciudad Bolívars aus betrachten, sonst kann man eine Enttäuschung erleben.

Nach einer solchen Bemerkung muß man allerdings darauf hinweisen, daß diese tropische *riverside* eine eigenartige Faszination ausübt. Hier befinden sich die geräumigen Läden, die Rómulo Gallegos beschrieben hat und in denen man alles »verkauft, en gros und en détail: Lebensmittel, Stoffe, Schuhwerk, Hüte, Klempnerwaren, falscher Schmuck«[6]. Und auch bunte Bonbons, Sparbüchsen, Spielsachen für einen Centavo, Salben für Brandwunden, die als Markenzeichen das Bild eines bärtigen Apothekers tragen, der vor vielen Jahren in einer nordamerikanischen Stadt mit seltsamem Namen, wie etwa Tuscaloosa oder Kalamazoo, gestorben ist. Von einem Schildpattkamm bis zu dem, was man braucht, um eine Expedition zum Ventuari auszurüsten oder einen Trupp von Männern zu versorgen, die zum Rio Negro wollen. Vielen Läden sind außerdem Kleinbetriebe oder Werkstätten angeschlossen, die mit drei Handwerkern im hinteren Teil überdachter, nach Leder, Cumaranüssen und Ölpflanzen riechender Innenhöfe arbeiten. An manchen Fassaden liest man korsische Namen – einer Tradition gemäß, auf die der Autor von *Canaima* hingewiesen hat.

Und hier stehe ich nun auf der berühmten Laja de la Zapoara – dem »Felsen der Zapoarafische« –, deren seifenglattem Gestein ich meine Ehrerbietung erweise, indem ich über eine lange Strecke ins Wasser rutsche. Mehrere mestizische Wäscherinnen mit nacktem Oberkörper und an den kräftigen Hüften klebenden Hemden seifen bunte Kleidungsstücke am Ufer des trüben Stroms ein. Dort, über der reißenden Strömung, erhebt sich die berühmte *Peña del Medio*, der »Felsen

6 Rómulo Gallegos »Canaima«, Übersetzung von Doris Deinhard, Frankfurt a.M., Insel-Verlag, 1961; S. 48 (Anm.d.Ü.).

in der Flußmitte«, der seit ewigen Zeiten das Ansteigen des Vaters der Flüsse anzeigt. Jenseits davon, am anderen Ufer, entdeckt man die trübsinnige Siedlung Soledad. Ich tauche die Arme in den lauwarmen Leib des Orinoco und klettere wieder den Felshang hinauf. Nun erblicke ich einen schönen eingeschossigen Kolonialpalast mit zahlreichen vergitterten Fenstern und einer unbeschreibbar rätselhaften Ausstrahlung, der mich in seine großen, geheimnisvollen und verödeten Säle einlädt. Hier, wo gewiß so viele Abendgesellschaften stattgefunden haben, wo eines Tages die Schuhabsätze Bolívars im Takt eines deutschen Ländlers aufstampften oder Juan Germán Roscios paspelierter Kragen über einem Haufen Korrekturbogen der Zeitung *Correo del Orinoco* schimmerte, hängen wie gelbe Fransenvorhänge, wie Pergamentstreifen ungeheure Makkaronimengen, die ein aus dem Mittelmeerraum stammender Kleinunternehmer trocknen läßt. Nach dem einigermaßen surrealistischen Bild dieser seltsamen, eßbaren Dekoration, die Dalí begeistert hätte, laufen wir langsam zu unserem Flugzeug zurück.

Da unten, an den großartigen Landungsbrücken der modernen Stadt, bereitet sich ein Frachtschiff zum Auslaufen nach der Insel Trinidad vor. Ein flaches Schiff mit zwei Decks – der Schlafraum oben, der Speiseraum unten, die Reling rundum –, ganz mit gerührt winkenden Tüchern geschmückt, wirft hingegen die Ankertaue aus, während es Rauch ausstößt, die Sirenen fürchterlich aufheulen läßt und damit einen solchen Lärm verursacht, daß es eine allzu leicht erregbare Kuh ins Wasser treibt. Das ist die *Meta*, eines der alten Flußschiffe des Orinoco, das ihn ganz gemächlich hinauffahren und gegen die Strömung ankämpfen wird. Es wird sieben Tage bis Puerto Ayacucho brauchen – an denselben Ort müssen wir jetzt kommen, indem wir die Sierra de la Encaramada überfliegen. Die ruhige Stelle, die der *Meta* als Ankergrund dient, ist ein Schiffsfriedhof, ein im Wasser liegender Schrottplatz verrosteter Dampfschiffe, eine Brücke zum Abenteuer.

Jahr für Jahr luden die Dampfer an geheimnisumwitterten Ufern Männer aus, die, weil sie übereifrig nach glänzendem Gold suchten, den Tod ohne ein Kreuz fanden. Diese Schiffe haben den kranken Kautschuksammler kennengelernt, den das Sumpffieber an Deck zittern läßt, den Aussätzigen mit dem weltverlorenen Blick, den Missionar, dessen Kutte mit einem Rosenkranz aus Samenkörnern umgürtet ist. Es sind die Schiffe auf den Kupferstichen, die die gesammelten Werke von Jules Verne im Verlag Hetzel illustrierten; es sind die Emilio Salgaris und auch die Fenimore Coopers. Es sind die, auf denen immer noch gespenstische Kapitäne umgehen, die eine Mütze mit Nackenschutz, weiße Hosen, ein Scherenfernrohr und einen Habsburgerbart tragen. Halb vom Wasser überflutet, ruhen diese alten Raddampfer heute im Röhricht und sind Teil der großen amerikanischen Romantik.

Sie haben viel von einem Indioboot, einem Belvedere und einem großen Kolonialhaus, und wenn sie ihre Steuerräder aufs Geratewohl schaukeln lassen, haben sie etwas von einem Album mit Originalhandschriften und außerdem etwas vom *Nocturno a Rosario*[7].

7 Liebesgedicht des mexikanischen Romantikers Manuel Acuña (1849-1873) (Anm.d.Ü.).

Die Anden-Hochebene

Die Reise in die Große Savanne und der Ausflug zum Orinoco (auf dessen erste Beschreibung ich einstweilen verzichte, weil ich die Absicht habe, ihn bald wieder hinaufzufahren, wobei ich dann über die Stromschnellen von Atures hinausgelangen will, um den Amazonas auf dem weit entfernten Weg über den Casiquiare und den Rio Negro zu erreichen) hatten in mir das inbrünstige Verlangen geweckt, die Anden kennenzulernen. Nach den geologischen Wundern der geheimnisvollen Hochebene von El Dorado, nach dem Schauspiel des Urwalds und der Prärien, auf denen zahllose Rudel rotfelliger Hirsche leben, nachdem ich die riesigen schwarzen Granitkugeln bestaunt habe, die wie sonderbare erratische Monumente an den Ufern des Vaters der Flüsse stehengeblieben sind, wollte ich mein erstes Bild der großen amerikanischen Natur – jener, die dem Blick des Menschen neue Größenverhältnisse offenbart – durch die Erfahrung des Hochgebirges, der abweisenden und steilen Kordillere vervollständigen, die das Rückgrat der Neuen Welt bildet und sich bei ihrem Weg durch Venezuela mit Páramos überzieht, Hochebenen von weihevoller und dramatischer Größe.

Wie der Erzähler von *El Crotalón*[8] gesagt hätte: »Um auf irgendeine Weise meinem unersättlichen Verlangen zu willfahren, welches mich trieb, neue Länder und Dinge zu schauen, entschloß ich mich, an Bord zu gehen und mich auf diese Reise hinauszuwagen.«

Koloniale Architektur

Nachdem ich solche Landschaften gesehen hatte, die durch die Gewohnheit entwertet sind, erhielt der Weg in die Anden

8 (»Die Rassel«); satirischer Roman des spanischen Schriftstellers Cristóbal de Villalón (um 1557) (Anm.d.Ü.).

für mich ein neues Gesicht, als ich über Barquisimeto hinauskam. Wir befanden uns inmitten einer verdorrten Ebene mit einem Kalkboden, der von Kakteen und bösartig aussehenden Pflanzen bedeckt war – alle starrten von Stacheln und Dornen –; die Horizonte wurden von ungewöhnlichen perlmutterfarbenen Bergen abgeschlossen, und das Licht erhellte sie als mächtige Massen, die sich durchsichtig wie Scherben eines Kirchenfensters von einem tiefblauen Himmel abhoben. Die Trockenheit, Stille und Starre dieser beinahe mineralischen Landschaft, in der selbst die Pflanzen scheinbar aus festem Stoff gebildet waren, ließen mich schon seit einer Weile an andere Landschaften denken, die ich in Spanien betrachtet hatte – in der Umgebung von Minglanilla und Tarancón – und die sich durch eben die gleiche Beständigkeit in ihrem Weiß, in den schillernden Steinen auf einem durstigen Erdboden auszeichnen. Am Wegrand war hier und da einer von jenen stummen Friedhöfen des Staates Lara zu sehen, auf denen es keinerlei Inschriften, Daten oder Namen gibt; sie bestehen aus plumpen Kreuzen, unter denen Weihgeschenke in Tonkrügen liegen und so an eine uralte Tradition der Eingeborenen erinnern. Die in dieser venezolanischen Region lebenden hageren, dunkelhäutigen Männer von typisch andalusischer Wohlgestalt sind Fechtmeister mit Stöcken und blanken Waffen; nicht immer errichten sie Kreuze zum Gedenken an Dahingeschiedene, die durch Krankheiten oder Alterssiechtum in ein besseres Dasein eingingen. So etwa erinnert einer dieser Friedhöfe, der mehr Gräber als die vorherigen hat, in einer einsamen Ecke an die blutige Nacht eines Festes der Kreuzesauffindung, dessen Teilnehmer eine Figur des Tanzes *tamunangue* unvollendet ließen, um mit ihren Macheten grimmig übereinander herzufallen.

Einen liebenswerten Gegensatz bilden die wunderbar gastlichen, heiteren und schattigen Ortschaften, die inmitten dieser kahlen und ausgeglühten Naturlandschaft auftauchen. Sie riechen nach dem feuchten Ton der porösen Krüge mit kühlem

Wasser. Die altehrwürdige Stadt Quibor, die vor uns erscheint, ist ein nach Amerika versetzter Winkel Andalusiens. Dieser Ort, ein weiträumiges Museum kolonialer Architektur, ist vollständig erhalten geblieben, ohne daß ein pseudomodernes Bauwerk, eine Scheußlichkeit aus Stahlbeton in der Art Le Corbusiers, das harmonische Ensemble von – *Gott sei Dank!* – nicht im geringsten funktionalen Häusern verschandelt hat, in denen es reichlich »verlorenen Raum« gibt, damit man sich zurückziehen und träumen kann. Es scheint beinahe unmöglich, daß diese friedliche Szenerie in jener Nacht mit Blut besudelt wurde, als der schreckliche Conquistador Juan de Carvajal im Schlafgemach Doña Catalina de Mirandas gefangengenommen wurde, weil man ihn für den Mord an den Deutschen Philipp von Hutten und Bartholomäus Welser bestrafen wollte. Die Straßen sind immer noch, wie in den ersten Tagen der Kolonialzeit, mit runden, glatten Steinen gepflastert. Die alten, mit Kalk getünchten Herrenhäuser bewahren ihre weißen Patios mit inneren Kolonnaden und Krippen für die Esel. An beiden Seiten der Kirche breitet sich ein Garten mit Tropenbäumen aus, der so dichtes Laubwerk hat, daß es scheint, als öffneten sich die Türen des Gotteshauses zu einem Urwald. Alles ist angenehm und sauber in diesem Ort der weißen, indigoblauen und ockerfarbenen Töne. Die Namen der Läden – *Blüte meiner Mühen*, *Gottesglaube*, *Morgensonne* – sind als hohe Lettern in romantischer Schönschrift angemalt, und Blumen ranken sich um die Großbuchstaben. In den Häusern webt man Wolldecken in lebhaften Farben, und unter vielen Vordächern dreht sich eine Töpferscheibe. An einer Straße des Ortes, nahe bei einer Rekollekteneinsiedelei, stellt ein alter Kunsthandwerker Möbel aus Holz und mit glühendem Eisen geprägtem Leder her. Geerbt hat er seine Technik von »den ersten Spaniern, die sich in der Gegend hier niedergelassen haben«, wie er selbst stolz versichert. Aus seinen Händen kommen nie zwei identische Stücke, jedes einzelne verziert er seiner Inspiration folgend anders. Und mit wirklicher Rührung entdecke ich diese Einzelheit: Der Handwerker, dem sein eigenes Werk gefällt, *setzt seinen Namen auf jedes einzelne Möbelstück*, von der edlen Befriedigung getrieben, gut gearbeitet, der Welt ein klein bißchen Schönheit gebracht zu haben. Diese Geste bleibt den Maschinenarbeitern auf immer unbekannt, die an die »Ketten« des Fordismus und des Stachanowismus gefesselt sind und nicht wissen, was es in der Alltagsarbeit bedeuten kann, wenn man einen Stil anwendet, seine Persönlichkeit bestätigt und einen anmutigen Einfall gestaltet.

Nun betreten wir die alte und vornehme Stadt Nuestra Señora de la Concepción de El Tocuyo, die vor über vier Jahrhunderten gegründet wurde. Hier entdecken wir die gleichen Konstanten in der Architektur, die wir schon in Quibor würdigen konnten. Die wunderschöne Fassade der Kathedrale veranlaßt mich zu dem Gedanken, wie wenig bekannt dieses unermeßliche Venezuela als Touristenziel ist, obwohl seine Attraktionen mit ihren so eigentümlichen und unverwechselbaren Wesenszügen übermächtig auf den Reisenden wirken. Denn selbst auf rein architektonischem Gebiet gibt es in jedem Ort, durch den wir auf unserem Weg in die Anden kommen, viel zu entdecken, viel zu bewundern. Die venezolanische Sakralbaukunst erreicht nicht den Prunk des Barocks von Quito und auch nicht die vielfarbige Pracht mancher mexikanischer Gotteshäuser – *wie etwa der wunderschönen Kirche San Francisco de Ecatépec bei Cholula* –, vielmehr wird sie von einer selbstgewählten Schlichtheit der Linien und einem majestätischen Sinn für Proportionen geprägt, die einer massiven Bauweise entsprechen. Diese ist so gestaltet, daß sie mit einem starken Simswerk und tiefen Mauernischen dem Spiel von Licht und Schatten große Flächen bietet. Was nun die weltliche Baukunst betrifft, so unterscheidet sich die venezolanische Kolonialresidenz von der kubanischen durch eine größere Treue zu den hispanischen Vorbildern. In Quibor und El Tocuyo glaubte ich hundertmal, den Hof des Blut-

Christi-Gasthauses in Toledo zu betreten, und ich erwartete, daß hinter den Essigschläuche tragenden Eseln, wie sie in einer berühmten Romanze geschildert werden, Cervantes' Schelmengestalten des Chiquiznaque und des Maniferro zusammen mit der bedauernswerten Juliana Cariharta auftauchten.

Der Vorraum der Anden

Inmitten von bezaubernden Dörfern – San Jacinto mit seiner rustikalen Kirche und ihren Beichtstühlen aus dem siebzehnten Jahrhundert, Plazuela, das so große Ähnlichkeit mit Castellón de la Plana hat – erwartet uns die Stadt Trujillo oben auf ihren Felsen, mit ihrer vier Jahrhunderte zurückreichenden hochherrschaftlichen Tradition, ihren Erinnerungen an Diego García de Paredes und Sancho Briceño, den unerschrockenen Kolonisator, der seine Hazienda an diesem Ort gründete und so den Zorn der wilden Bergindios herausforderte. Die kräftige Vegetation, das überall fließende Wasser, die anregende und leichte Luft erinnern uns daran, daß wir die ersten Ausläufer der Anden betreten. Unter Wolken, die die nächsten Bergkämme verschwimmen lassen, führen die abschüssigen Straßen Trujillos zu natürlichen Aussichtspunkten, Plattformen und Engpässen. Diese erstrecken sich über Landschaften, die auf hundert verschiedene Arten gefärbt sind, wie es den trügerischen Erscheinungsformen des wandelbaren Höhenlichts entspricht. Diese Stadt lebt von alten benachbarten Erbgütern, und viele Bewohner tragen noch stolz den Namen der ersten Siedler. Trujillo war der Schauplatz eines der dramatischsten Ereignisse in der Geschichte Amerikas: In einem Haus der Stadt – in seinen Sälen ist heute der Kulturverein Ateneo untergebracht – unterzeichnete Simón Bolívar nach einer mit fieberhaften Grübeleien verbrachten Nacht sein Dekret über den Krieg auf Leben und Tod, den Auftakt der schrecklichen Jahre 1813 und 1814. Der Raum, in dem das Dokument verfaßt wurde, ist heute zu einer öffentlichen

Bücherei umgebaut, und trotz seiner Helligkeit, trotz der gefälligen Buchrücken bewahrt er immer noch etwas von der Gegenwart der Vergangenheit, die sich mit einer beunruhigenden Aura an manchen von der Tragödie oder der Erinnerung an eine folgenschwere Geste geprägten historischen Orten erhält: zum Beispiel das Haus, vor dem Morelos erschossen wurde, oder der schlichte Obelisk, der auf dem Schlachtfeld von Carabobo die Stelle bezeichnet, an der Sedeño, der tapferste aller Helden, gefallen ist.

Von Trujillo bis zur Stadt Valera, die sich auf einer von sieben Hügeln umgebenen Hochebene darbietet, schließt uns eine dichte und typisch tropische Vegetation ein, als wollte sie so den großen Gegensatz, der uns erwartete, besser vorbereiten. Zu unserer Linken öffnet sich jetzt eine tiefe Schlucht, in deren Grund der Río Motatán fließt. Das Wasser, das er dem heißen Maracaibosee zuführt, bewahrt in diesem Vorraum der Anden noch seine milde Kühle geschmolzenen Schnees. Die Landschaft mit ihren Zypressen, ihren spärlicher wachsenden Bäumen, hat nun eine überraschende Ähnlichkeit mit der am Rand Spaniens auf der atlantischen Seite der Pyrenäen. Das ist jedoch nur ein flüchtiger Eindruck, denn jetzt wird es ernst mit dem Anstieg – hinauf zu den Páramos, die viel höher als die höchsten Bergdörfer Europas liegen, in denen Menschen leben, die, der Hypothese des Grafen von Keyserling zufolge, derartige Höhen zum Arbeiten und Fortpflanzen wohl nur aufgesucht haben, weil sie vor einer Katastrophe geflohen sind. Dabei könnte es sich durchaus um die Sintflut handeln, die von allen Mythologien erwähnt wird, gleichgültig, ob es sich um die Religion der Ägypter, der Chinesen, der Indios am Orinoco oder der Bewohner der Tongainseln handelt.

Der Páramo de Mucuchíes

Nach einer Ruhepause auf der Mesa de Esnujaque, einem Plateau in eintausendachthundert Meter Höhe, wo wir ein reizvolles Dorf entdecken, das von Abgründen und tiefen Schluchten begrenzt wird und eine überraschende Ähnlichkeit mit El Toboso offenbart, setzen wir den Aufstieg nach Timotes fort. Diese von Eukalyptusbäumen, Zypressen und Pinien umgebene Ortschaft ist zu Recht für ihre reinwollenen, nach Gewicht verkauften Decken und Umhänge und für ihre Tänzer berühmt. Die Ortsbewohner führen einen uralten Tanz auf, bei dem man Bänder um einen Mast schlingt und wieder von ihm löst. Wie die Heiligen Drei Könige einer provenzalischen Weihnachtskrippe tragen sie alle einen Kranz aus Gold, Silber und Blumen. Je höher wir zu den Gipfeln aufsteigen, desto mehr neue Blumen bietet uns das Gebirge. Es ließe sich beinahe sagen, daß ein geübtes Auge, indem es die Farbe der Blumen beobachtete, die Höhenunterschiede besser als ein Höhenmesser bestimmen könnte. In zweitausendfünfhundert Meter Höhe überziehen sich die Berghänge mit blauen Blumen, ein zartes, leichtes Blau wie der Morgenhimmel. Dann folgen Stiefmütterchen, die gleichsam aus dichtem Samt gebildet sind und nahe der Abgründe ihre gelben Augen auf violettem Grund öffnen. So kommen wir nach Chachopo, der höchsten Siedlung dieser Gebirgsseite, die ganz vom Duft der Pflanzen und Bergkräuter durchströmt wird. Außerdem ist Chachopo für einen ländlichen Heilkräuterladen berühmt, an dessen Regalen wir diese Namen lesen:

Bärenklau
Sauerklee
Majoran
Páramo-Quitte
Brechwurzel
Salbei
Páramo-Grammagras ...

Wir sind schon weit über den Wolken, die da unten hängen, am Boden des riesigen Bergpasses, auf dem wir bisher hochgestiegen sind, wobei uns der Schwindel an jeder Biegung des am Rand von grauenhaften Abgründen entlangführenden Weges die Schläfen zusammenpressen wollte. Die Männer und die mit Stiefmütterchen geschmückten Kinder, denen wir begegnen, sind kräftige Gebirgsbewohner mit weißen Zähnen und tiefen Augen, daran gewöhnt, gegen Kälte und Stürme zu kämpfen, den Boden im Schneegestöber zu bearbeiten, Steinmauern aufzuschichten, um das von den Gipfeln herunterströmende Schmelzwasser abzuleiten, und steinerne Tennen zu bauen, in denen man den Weizen sieben kann. Doch die Selbstsicherheit dieser gesunden Menschen, denen tropische Plagen unbekannt sind, und das freimütige Lachen ihrer Kinder, deren Kastilisch sich durch einen singenden Tonfall und eine vorzügliche Aussprache auszeichnet – sie verschlucken bei keinem Wort auch nur einen einzigen Buchstaben –, bilden einen deutlichen Kontrast zu der erhabenen und großartigen Trostlosigkeit der Landschaft. Auf alptraumhaft wirkendem Geröll, das von den Bergspitzen herabgestürzt ist, wachsen nur noch zwei Pflanzen: eine Kaktusart mit safrangelben Blüten und die Charakterpflanze der Anden, der *Frailejón*, ein Kaktus, der, wie es scheint, aus einem graugrünen Filz besteht. Überall ergießen sich kleine, eiskalte Wildbäche, und ihr Wasser trägt dazu bei, die Erde, die schon an sich durch ihre Ockertöne, ihre schiefergrauen Schichten und ihre Gesteinstrümmer dunkel ist, noch schwärzer wirken zu lassen. Der Rand des Páramo de Mucuchíes bietet uns ein Schauspiel von solcher Größe und außerordentlicher dramatischer Kraft, daß wir eingeschüchtert innehalten, mit einem unbestimmten Gefühl des Grauens, kosmischer Angst, wie es einen zuweilen angesichts der großen Mysterien der Natur, ihrer alles menschliche Maß übersteigenden Schöpfungen heimsucht.

Wir sind in mehr als viertausend Meter Höhe. Der Übergang zur anderen Gebirgsseite verläuft durch einen Engpaß, über den wütende Wolken hinwegfegen. Sie dringen zwischen zwei Berghöhen mit senkrechten Abhängen hindurch, die dem eisigen Wind ihre aufgerichteten Grate wie Vorderschiffe bei einem fast immerwährenden Sturm entgegenstrecken. Diese beiden Berghöhen bilden den Durchgang für Nebel, Schnee und Gewitter, und über den Páramo recken sie ihre gewaltigen schwarzen Umrisse empor, die das für viele Felsformationen der Anden typische Bild eines von zwei Masten gestützten Zelts zeigen – was etwas von einem krummen Messer und etwas von einem Dach und einem Schiffsschnabel hat. Hier sind die Pflanzen beinahe ganz verschwunden, nur der *Frailejón* behauptet sich weiter und klammert sich wie die Flechten einer urzeitlichen Flora an die Felsblöcke. Alles ist hart, alles ist feindlich, alles ist düster, alles ist tragisch auf diesen trostlosen Höhen, die den Geist gleichwohl auf sonderbare und unbezwingliche Weise faszinieren. Am Ufer eines Wolkenmeeres, das viertausend Meter tief ist, am Rand einer Felsterrasse, die im Nebel verschwindet, als führte sie zu einer rätselhaften und verschleierten Welt, gibt es Augenblicke, in denen man fliehen, so schnell wie möglich zu den menschlichen Ansiedlungen zurückkehren möchte; doch es gibt auch Augenblicke, in denen man sich auf die kalte Erde legen und eine Landschaft nicht verlassen möchte, die sich auf ihre einfachsten und machtvollsten tellurischen Erscheinungsformen beschränkt und Grenzen und Schönheiten schafft, wie der Mensch sie zuerst kennenlernen sollte. Vor zwei Tagen war der Ort, an dem wir uns befinden, noch mit Schnee bedeckt. Dort, hinter den Wolken, erhebt sich der ewige Gletscher des Pico Bolívar. Mehrere Wanderer, die von der heimtückischen Bergkrankheit, dem »mal de páramos«, befallen wurden, sind vor kurzem eingeschlafen, um nie wieder aufzuwachen, vom sanftesten Tod hinweggerafft, den der Mensch kennt, weil er ihn in einen Höhentraum versenkt, ohne daß er es gewahr wird. Der Páramo de Mucuchíes ist eines der Dächer Amerikas. Aber er ist auch – und das ist sein Ruhm! – einer der gewaltigsten, am tiefsten überwältigenden und eindrucksvollsten Gebirgspässe der Andenkordillere.

Es gibt Gefühlsregungen, die einen Mann entschädigen für Jahre des Kampfes, der Routine, der sterilen Monotonie, die die Abhängigkeit von anderen mit sich bringt. Als ich nach dem Aufstieg ins Hochgebirge zur Mesa de Esnujaque zurückkehrte, hatte ich das Gefühl, daß man dem Schicksal vieles verzeihen kann, wenn es vermag, uns einen Ausgleich wie dieses Bild der mondartigen Welt des Páramo de Mucuchíes zu bieten, wie ich ihn gerade erlebt habe.

II

Tierra Firme[9]

9 »Festland«: Name, den die spanischen Conquistadoren der Karibikküste der heutigen Staaten Venezuela, Kolumbien und Panama gaben (Anm.d.Ü.).

Unmögliche Sehnsucht

»Oh, 1900!« seufzten unsere Eltern, wenn sie sich an die Pariser Weltausstellung, die »Bandeaux« Cléo de Mérodes, den Calañeser Hut der Schönen Otero, die Kosaken des Zaren Alexander und die strahlenden – schon von den ersten Panhard-Levassor bedrohten – Kutschen erinnerten, die am Restaurant Maxim's vorbeirollten, wo eine Zigeunerkapelle den Walzer *Quand l'amour meurt* spielte.

»Oh, 1920!« seufzen bereits viele von unseren Zeitgenossen in Paris und New York, während sie sich nach den Tagen des Versailler Vertrags, den Filmen mit Lillian Gish und Theda Bara, der Melodie von *Hindustan*, Consuelo Mayendías *Serranillo* und der Ruhmestat Gabriele d'Annunzios in Fiume zurücksehnen.

1920 ist ein Jahr, das gegenwärtig von Nostalgikern in Mode gebracht wird, die sich das Ende des Ersten Weltkriegs als den Beginn eines Zeitalters endlosen Friedens vorgestellt hatten. Manche Zeitschriften geben Sondernummern mit Rückblicken auf die Sitten, Moden und Bühnenstücke jener vergangenen Zeit heraus. Scott Fitzgerald gewinnt wieder Tausende von Lesern, weil seine Romane, unabhängig von ihrem literarischen Wert, die Welt der ersten Nachkriegszeit eindrucksvoll heraufbeschwören, mit der von Weißrussen überschwemmten Côte d'Azur und den nordamerikanischen Intellektuellen in Montparnasse. Mit Unamuno in der Wüste und den *Speakeasies* der Prohibition. Dieses eine Mal verkünden Paris und New York einmütig, daß die Jahre von 1920 bis 1929 die einer »glücklichen Zeit« waren.

Diese Sehnsucht, die heute in Europa und den Vereinigten Staaten sehr folgenreich ist, weil sie als Vorwand dient, um Bilanz zu ziehen und nützliche Überprüfungen vorzunehmen, veranschaulicht beredt, wie weitgehend der Geschichtsrhythmus und die wirtschaftliche Entwicklung Lateinamerikas anderen Gesetzen gehorchen und wie aussichtslos der Versuch sein muß, sie einem fremden »Tempo« anzupassen, das uns höchstens die Mode der kurzen Röcke und des die Hüften betonenden Schnitts der Kleider aufzwingen konnte, doch uns in keiner Weise an den Freuden, Glücksgefühlen und der Euphorie beteiligte, deren die Menschen in anderen Breiten heute wehmütig gedenken. Mag irgendein frischgebackener Don Secundino[10] die Feste von Randolph Hearst und Marion Davies besucht oder Harry Pilcer im Casino de Paris beklatscht haben, während dieser den Jazz als große Tagesneuigkeit vorstellte. Mögen Touristen aus dem damaligen Europa zurückgekommen sein, nachdem sie mit Präsident Wilson und Briand persönlich zu tun hatten: Unser Jahr 1920 war etwas anderes – etwas, das sich tatsächlich kaum dazu eignet, aus dem Blickwinkel des Jahres 1951 als eine »glückliche Zeit« angesehen zu werden.

Im Jahre 1920 waren beinahe alle Völker unseres Kontinents von einer äußerst schweren Wirtschaftskrise betroffen. Sie wurde vom plötzlichen Verlust jener Märkte verursacht, die uns der Krieg eröffnet hatte. Venezuela, das von dieser Krise nicht unberührt blieb, hatte gerade erst unter der schrecklichen Geißel der »spanischen Grippe« gelitten – eines Übels, das wie eine mittelalterliche Pest wütete und uns alle peinigte. Fast überall erlebte man Tage der Not und der politischen Tragödien. Nach dem Ende des berühmten »Tanzes der Millionen«, zu dem der hohe Zuckerpreis geführt hatte, kam es in Kuba zum schrecklichsten finanziellen Bankrott der Zeitgeschichte, mit Konkursen, allgemeiner Panik und Selbstmorden. Mexiko erlebte noch die dramatischsten Tage seiner Revolution. Völker, die man heute zu den wohlhabendsten des Kontinents rechnet, durchlitten schmerzliche Pubertätskrisen. Das Gesamtbild der Neuen Welt war in vieler Hinsicht beängstigend ...

10 Anspielung auf die Satire »Don Secundino in Paris« (Caracas, 1895) des venezolanischen Schriftstellers Francisco Tosta García (Anm.d.Ü.).

Nein! Ganz entschieden nein! ... Die Sehnsucht nach dem Jahr 1920 wurde nicht für uns geschaffen.

Monte Albán

Wir hatten Oaxaca im Nebel eines besonders kalten Morgens verlassen (in Mexiko-Stadt wurden Nachttemperaturen von sieben Grad unter Null gemessen), und nun liegt das verschleierte Tal unter uns und wir gelangen auf den Großen Platz von Monte Albán ... Viel hatten mir die Archäologen und Reisenden von dieser »Weihestätte« der amerikanischen Geschichte erzählt und ihr einen höheren Rang als anderen, vielleicht berühmteren archäologischen Zentren zugeschrieben. Doch was mich betrifft, muß ich sagen, daß die Lobreden, die ich bisher gehört hatte, mir auf einmal blaß und nichtssagend vorkamen: Monte Albán ist das Mykene Amerikas, ein weiträumigeres Mykene mit zahlreicheren Überresten und vor allem mit einer längeren Geschichte. Nur wenige der Ruinen des Mittelmeerraums lassen sich mit seiner Größe und seinen Proportionen vergleichen. Dort gibt es zyklopische Tempel, zahlreiche Heiligtümer, Gräber, Priesterresidenzen, einen Ballspielplatz, eine Sonnenuhr, ein Observatorium, das einem Schiff ähnelt und Aussichtspunkte hat, die es ermöglichten, die Bewegung der Gestirne mit einer Genauigkeit zu beobachten, die heutige Wissenschaftler erstaunt ... Die große heilige Stadt Monte Albán erzählt uns die Geschichte einer künstlerischen und kulturellen, materiellen und theologischen, gestalterischen und institutionellen Entwicklung, die sich über die Zeit zwischen 700 vor Christus bis zu den Jahren kurz vor der Conquista erstreckt und eine echte klassische Periode aufweist, die um 500 anzusetzen ist, während Europa finstere und stürmische Jahrhunderte erlebte und unsicher nach architektonischen Stilen suchte, die in seinen Bauwerken noch keine endgültige Form gefunden hatten.

Von der zyklopischen Säulenreihe des großen Nordtempels aus betrachteten wir die Trümmer eines viel kleineren, weiter rechts gelegenen Tempels, dessen Treppen und Säulenschäfte von hellenisch vollendeten Proportionen waren. Auf einmal erschienen ein paar Besucher an einer Ecke dieses Tempels, und ihre Umrisse hoben sich von der – schon in die Glut der Mittagssonne getauchten – Unendlichkeit der Berge ringsum ab. In diesem Augenblick stellte sich eine wunderbare Harmonie zwischen der menschlichen Gestalt und den Dimensionen all dessen her, woraus der kleine Tempel bestand. Da erkannten wir, daß seine Terrassen, Treppen, Säulen und seine zentrale *Loggia* dem Menschen entsprechend, nach dem Maß des Menschen geplant waren und sich nach Berechnungen richteten, die die zapotekischen Baumeister bewogen hatten, ein angemessenes Verhältnis zwischen Erbauer und Bauwerk zu finden, ähnlich dem, das Le Corbusier in unseren Tagen mit seinem »Modulor« festgelegt hat.

So etwas gilt auch für das Verhältnis zwischen dem Bauwerk und der Umgebung. Das Haus der Tänzer mit seinen geheimnisvollen Glyphen, die Plattformen, Pyramiden, Tempel und Gräber, alles fügt sich wie eine Verlängerung und Ergänzung in die Berglandschaft ein, als ginge es in einem auf eindrucksvolle Weise rückläufigen Prozeß unmerklich vom Erbauten zum Geschaffenen über. Diese Rückläufigkeit hat vielleicht im theologischen und philosophischen Denken von Erbauern existiert, die es verstanden, am Eingang des sogenannten Grabes 104 das schönste Symbol zu benutzen, das man an einem Grabeingang anbringen kann: den Regengott, der auf die Schultern des Maisgottes gestiegen ist und Wasser von seinen Fingern auf ihn herabtropfen läßt. Der Regen wird die Erde befeuchten, aus ihr sprießen neue Triebe, und diese kündigen die Ähre an, den ewigen Fruchtbarkeitszyklus, den ewigen Kreislauf, daß sich aus dem Abgestorbenen der Same für neue Epiphanien bildet ...

Es war der 2. Januar 1951. Als wir am Nachmittag um zwei Uhr nach Oaxaca zurückgekehrt waren, liefen wir über einen Markt, dessen Lautsprecher plötzlich die Meldung über die Ereignisse verbreiteten, zu denen es einen Tag zuvor in Caracas gekommen war. Vom Jahr 700 vor Christus gerieten wir mit einemmal in die hochaktuelle Zeitgeschichte ... Eine Zeitgeschichte, die in der weit entfernten Stadt auf dem Isthmus von Tehuantepec die Leute leidenschaftlich erregte. Sie stritten sich um die ersten Zeitungen, die im Flugzeug aus der Hauptstadt eingetroffen waren. Mitfühlend und brüderlich schlugen überall die Herzen im Einklang mit denen des Volks von Venezuela.

Das große Dschungelbuch

Bis vor kurzem war mir der Name Alain Gheerbrant vollständig unbekannt. Ich weiß also nichts über seine archäologischen Fachkenntnisse und seine wissenschaftliche Prinzipienstrenge, und mir ist ebenso unbekannt, ob eine Expedition, die er in den Jahren 1948 bis 1950 in der Sierra de Parima, im Oberen Orinocobecken und am Río Guaviare unternommen hatte, auch als Erkundungsunternehmen bedeutsam war. Sicher ist, daß die französischen Zeitungen in diesen Tagen zahlreiche Fotos von Maquiritare-Indios abbilden, die durchaus echt wirken und die Gheerbrant in einem bereits vom Verlag Gallimard angekündigten Buch veröffentlichen will. Wenn ich heute den Namen des französischen Reisenden in dieser Kolumne anführe, geschieht das auch, weil er gerade in einer großen, in Paris erscheinenden literarischen Wochenzeitschrift einen so außerordentlich interessanten Artikel publiziert hat, daß ich der Versuchung nicht widerstehen kann, einige Abschnitte daraus zu übersetzen. Es handelt sich um den Bericht über eine Entdeckung von Petroglyphen. Sie stehen offenkundig mit jenen Petroglyphen in Zusammenhang, die man am Oberen Orinoco überall findet. In ihrer Anzahl und Bedeutung sind sie jedoch augenscheinlich höher einzuschätzen als die Exemplare, die wir bisher von diesen geheimnisvollen Tier- und Sterndarstellungen kennen, mit denen sich Humboldt so intensiv beschäftigt hatte. Gheerbrants Entdeckung befindet sich in der Guaviare-Region, ungefähr zehn Stunden Fußmarsch von einem Wasserlauf entfernt, der Guayabero heißt. Der Reisende teilt uns außerdem mit, daß man ihn in dem kleinen Dorf San José auf eine große Fläche mit Malereien und Reliefs an einem weit entfernten Berg hingewiesen hatte; allerdings hatte keiner von seinen Informanten diese Stätte selbst aufgesucht. Gheerbrant schildert uns nun sein Erstaunen, als er plötzlich vor einem großen, im Urwald verlorengegangenen Buch stand:

»Eine Stunde lang sagte keiner ein Wort. Eins nach dem andern betrachteten wir alle diese Bilder. Einige leuchteten so, als ob sie gestern erst gezeichnet worden wären, andere dagegen, dreiviertel verwischt, waren nur wie rote Schatten, die über den Fels liefen. Das Wer, Wann, Wie machte uns ganz wirr im Kopf. Manche waren in Menschenhöhe am Fuß der Steilwand gezeichnet, andere, manchmal zwei und drei Meter breit und ebenso lang, schwebten fünfundzwanzig Meter frei über uns an dieser glatten, senkrechten Felswand, die kein Alpinist erklettern könnte.
Wir lagerten am Fuß des Felsens und diskutierten vierundzwanzig Stunden lang, wobei wir im Kopf unsere Entdeckung mit den vorgeschichtlichen Zeichnungen von Altamira und Lascaux, mit den Felsinschriften von Hoggar und Südafrika, schließlich mit den Indianer-Malereien der Andenkette und des Rio Negro, des Casiquiare-Kanals und des Orinoko verglichen ... Gewiß gab es in all dem Zusammenhänge ... Trotzdem festigte sich in uns dreien die Überzeugung immer mehr, daß wir hier etwas gänzlich Neuem, völlig Eigenartigem in der Geschichte der primitiven Kunst gegenüberstanden.
Gewisse Formen, anscheinend die jüngsten, waren rein abstrakt und geometrisch, sie schienen historisch gesehen der Übergangszeit zwischen einer stark stilisierten Zeichnung und der Entstehung einer Zeichenschrift anzugehören. Die meisten anderen, die von den eben genannten übermalt waren, brachten tierische und menschliche Formen durcheinander, die mehr oder weniger frei wiedergegeben waren. Vom ersten Augenblick an fühlten wir uns von zwei großen Tieren angezogen, die die Mitte einer großen Fläche des weißen Felsens einnahmen. Unser Indianer-Führer, der Schildkröten, Kaimane und Pekaris, die in einem Fries durchliefen,

sogleich erkannte, blieb vor dieser Zeichnung stumm. Er wußte sie nicht zu deuten, so wenig Verwandtschaft zeigten diese Tiere mit der gewohnten Fauna der Niederungen Äquatorial-Amerikas. Wir nahmen an, daß es sich hierbei um Lamas handelte, denn die charakteristische Form von Kopf, Schwanz und Enden der Gliedmaßen entsprachen dem. Nun hat es aber Lamas überhaupt nur auf den Hochplateaus der Anden von Peru, mehrere tausend Kilometer von hier gegeben. Gleich fiel uns die berühmte Goldstraße ein, auf der die Inkas mit Lama-Karawanen die Smaragd- und Goldschätze beförderten, die sie bei den Chibchas und Quimbayas einhandelten. Vielleicht hatten wir den ersten tatsächlichen Beweis des Bestehens dieser Straße vor uns.«[11]

11 Zit. nach: Alain Gheerbrant, »Welt ohne Weiße: Im Urwald zwischen Orinoko und Amazonas« (Originaltitel: »L'Expédition Orénoque-Amazone 1948-1950«), Übersetzung aus dem Französischen von Dr. Fritz Montfort, Wiesbaden, F.A. Brockhaus, 1953; S. 45f. (Anm.d.Ü.).

Die Menschen, die man Wilde nennt

Der Orinoco ist in Mode gekommen. Man schlägt eine Pariser Zeitung auf und entdeckt das Lächeln eines Maquiritare oder eine Churuata-Rundhütte der Piaroa-Indios. Der ehemalige belgische König fährt zusammen mit Professor Cruxent auf dem Sipapo oder dem Autana. Als die Quellen des Vaters der Flüsse vor sechs Monaten entdeckt wurden, erreichte ein großartiges geographisches Unternehmen – das für die Kenntnis unseres Planeten ebenso wichtig ist wie das Auffinden der Nilquellen – seinen historischen Höhepunkt. In diesen Tagen wird der Name des bedeutenden deutschen Forschungsreisenden Theodor Koch-Grünberg oft in Artikeln genannt, die sich mit der faszinierendsten Region unseres Amerika beschäftigen. Auch war es an der Tagesordnung, den guten Pater José Gumilla mit der einen oder anderen Reproduktion der vortrefflichen Zeichnungen zu würdigen, die sein wegweisendes Buch schmücken.

Zu einem derart günstigen Zeitpunkt sind zwei Bücher des Forschers Alain Gheerbrant soeben in Paris erschienen. Das erste berichtet über seine Reisen im Orinocobecken, in der Sierra de Parima und am Oberen Amazonas. Das zweite vereint unter dem Titel *Die Menschen, die man Wilde nennt* die während der Expedition aufgenommenen Fotos und enthält auch zwei Ansichten der berühmten Felswand am Flüßchen Guayabero, wo der Autor – nachdem ihm die Einwohner des Dorfs San José die entscheidenden Hinweise für seine Suche gegeben hatten – eine der außerordentlichsten Gruppen von Malereien und Petroglyphen entdeckte, die der Urwald je unserem Wissensdurst offenbart hat.

Obwohl die Berichte mancher europäischer Reisender, die ihre abenteuerlichen Expeditionen zwar kühn und standhaft bewältigen, jedoch bei ihren Beobachtungen nicht streng wissenschaftlich vorgehen, mit größter Vorsicht aufzunehmen sind, muß man anerkennen, daß zumindest das Fotoalbum (noch ist das zweite Buch nicht in Caracas angelangt) offenbar höchst gewissenhaft zusammengestellt wurde. Der Autor hat auf jede Sensationsgier verzichtet und sich an das gehalten, was wirklich von Bedeutung ist: die Schönheit unbekannter Landschaften und die Lebensweise von Menschen, die uns ein Abbild dessen bieten, was wir in kultureller Hinsicht vor Tausenden von Jahren selbst waren. Wie immer, wenn wir uns den Existenzformen der Bewohner des Amazonasurwalds zuwenden, fällt sofort die überlegene Kultur des Piaroa-Volks auf. Der Piaroa besitzt nicht nur einen ausgeprägten Sinn für Ornamente, für den wohlproportionierten Gegenstand, Schmuck, zeremonielle Kopfbedeckungen, geschmackvolle Korbflechterei und magische Taxidermie, sondern hat auch eine ursprüngliche Form des Theaters entwickelt. Es erscheint als eine sehr aufwendige rituelle Zeremonie, die Gheerbrant in all ihren Einzelheiten fotografiert hat. Die Zeremonie besteht in einer Art Urform des »Auto sacramental«, mit dem tänzerischen Auftritt eines »maskierten Teufels«, den fünf ganz in Pflanzenfasern gekleidete Personen umringen; mit verborgenem Gesicht bewegen sie sich würdevoll wie majestätische Geister des Waldesdickichts vorwärts. Ein Orchester aus großen Holztrompeten und mehreren Flöten begleitet dieses Tanzschauspiel, während zwei Musiker den Krug mit den beiden Mundstücken, den uns Pater Gumilla in seinem alten Missionsbuch gezeigt hatte, unheilvoll brüllen lassen.

Diese und viele andere schöne Bilder finden sich in dem soeben erschienenen Buch Alain Gheerbrants, das dazu beitragen wird, daß die Beliebtheit, deren sich der Orinoco in diesen Tagen erfreut – man lasse die Redewendung gelten –, weiter hohe Wellen schlägt.

Das Ende der amerikanischen Exotik

»Exotisch«, so steht es in jedem Wörterbuch, ist »das Fremdartige, Ungewöhnliche«; es gibt »exotische Tiere« und »exotische Pflanzen«. »Exotisch« – das stand vor fünfzig Jahren nicht in jedem Wörterbuch, weil sich Wörterbücher den Ratsuchenden gegenüber einer gewissen politischen Höflichkeit befleißigen – war der Lateinamerikaner in den Augen des Europäers. Das heißt: des Europäers, der oberhalb der Pyrenäen lebte und einem ebenso grausamen wie berühmten Ausspruch zufolge festlegte, unterhalb der Pyrenäen beginne ein anderer Kontinent – ein mehr oder weniger eigenständiger Kontinent, der übrigens gerade auf schreckenerregende Weise aus einer acht Jahrhunderte währenden Apathie erwacht und sich als eine Realität zu Wort meldet, die in naher Zukunft gewiß viel zu sagen hat.

Für Spanien waren wir aus Gründen, die wir alle kennen, lieben und schmerzlich bedauern, niemals exotisch, weil kein Weg, den unsere eigene Rasse bewältigt hat, für uns exotisch sein kann. Doch für jene Menschen, die nichts mit dem großen Ereignis der Conquista zu tun hatten und nur vom Bord der Freibeuterschiffe aus oder unter der Hutkrempe Pauline Bonapartes zu unserem Kontinent hinüberblickten, waren wir lange Zeit die großen Exoten des Planeten. Das französische Second Empire lernte uns in der Person von López kennen, dem zukünftigen Diktator Paraguays, als er mit einem riesigen Federbusch geschmückt durch die Pariser Straßen lief, wobei ihm eine Musikkapelle auf den Fersen folgte. Da gab es auch einen brasilianischen Millionär, dem eine Operette Offenbachs zum Ruhm verholfen hat ... Das siebzehnte Jahrhundert sah uns durch das Inka-Fest, das einen Höhepunkt in Rameaus *Les Indes Galantes* (»Galantes Indien«) darstellt. Voltaire behandelte uns ironisch, Montaigne voller Güte und

Vertrauen in unsere Zukunft, und Goethe begeisterte sich für die Vorstellung, was uns alles noch zu tun übrigblieb. Sonst aber waren wir meistens, jedenfalls bis vor sehr kurzer Zeit, die »exotische Pflanze« der Wörterbücher. Und das Exotische ist das, was außerhalb ist. Außerhalb von dem, was man in der Kultur einer Epoche, in ihrem gesellschaftlichen Leben, in den ihren Stil prägenden Sitten und Gebräuchen als die Wahrheit ansieht.

Eines schönen Tages aber gerät Europa in Erstaunen über den wie eine Offenbarung wirkenden meisterhaften Film *Redes* (»Netze«), der den Beginn des weltweiten Siegeszugs des mexikanischen Films bezeichnete. (Die Kinematographie eines Landes muß sich zunächst durch wertvolle Filme und nicht durch sogenannte »kommerzielle« Produktionen ausweisen.) Mit *Redes* kam auch die großartige Partitur von Silvestre Revueltas. Dann zwang der Krieg zu einer Pause. Doch kurz nach dem Ende des Kampfes gewannen lateinamerikanische Filme die großen Preise von Cannes. Es folgten die Festivals von Heitor Villa-Lobos. Und die Übersetzung von Nerudas *Großem Gesang* ins Französische. Und der Literaturpreis, den *Der Herr Präsident* von Miguel Ángel Asturias gewann. Und der Erfolg von *Montserrat*, dessen Handlung in Venezuela spielt. Und ungefähr zehn lateinamerikanische Romane, die in europäische Sprachen übersetzt wurden. Und die Entdeckung der Orinocoquellen. Und die wunderbare mexikanische Kunstausstellung in Paris.

Das Exotische ist definitionsgemäß das, was außerhalb steht. Was von den Griechen als »die Barbaren« bezeichnet wurde. Leute vom Pontus Euxinus, Lästrigonen, Hyperboreer ... Doch in weniger als zehn Jahren haben die Barbaren, die Garamanten, die Lotophagen ihre Visitenkarten vorgelegt. Und diese Visitenkarten waren so gut, mit ihren auf Zelluloid, in der Musik und auf Druckpapier deutlich hervortretenden Schriftzügen, daß es in Deutschland und Frankreich heute manche gibt, die – man staune! – falsche lateinamerikanische Literatur schreiben. Das heißt Romane, die in Mexiko, Brasilien oder Venezuela spielen. Ja noch mehr: Ein amüsanter Autor ist auf die unglaubliche Idee verfallen, einen berühmten Roman in Aktion umzusetzen ... Euclides da Cunhas *Os Sertões* (dt. »Krieg im Sertão«), einen Klassiker der brasilianischen Literatur. Und ein anderer hat sich eine Handlung ausgedacht, in deren Mittelpunkt der Bau einer Brücke über den Casiquiare steht ...

Wie die Indianer, die melancholisch die Ankunft der Karavellen des Kolumbus beobachteten, auf einer von einem hervorragenden Humoristen gezeichneten Karikatur sagten: »Donnerwetter! Die haben uns schon entdeckt!«

Und endlich kamen die Wasser ...

... Und, wie in der Bibel, machten sich die Menschen auf den Weg und suchten nach einem fruchtbaren Land. Sie erreichten den Urwald, und viele Tage und Nächte fuhren sie den Fluß hinauf. Als sie in eine Gegend kamen, wo Bäume der von ihnen gesuchten Art wuchsen, machten sie halt und gründeten eine Stadt. Die erste Stadt im Urwald, die man Stadt des Henoch hätte nennen können, weil in ihr der erste, mit Thubalkain vergleichbare Schmied erschien und jemand, der wohl nicht Jubal hieß, zum erstenmal in diesen Landstrichen den Klang einer Harfe vernehmen ließ.

Wenn die Art der Stadtgründung jener ähnelte, die auch den Leuten Henochs vertraut war, so unterschieden sich indes die sehr schnell entstehenden Bauwerke von denen, die in der Bibel beschrieben werden. Die Stadt hatte allerdings viel mit Babel gemein, und in ihr genoß das Goldene Kalb eine gewisse Verehrung, weil sich die Geschäfte ausgezeichnet entwickelten und der Kautschuk unerhörte Preise erzielte ... Nicht weit von den schlafenden, trügerische Verlockungen bedeckenden *Victoria regias*, die ihre riesigen Blumenkronen auf dem Wasser ausbreiteten, erhob sich bald ein in solchen Breiten ungewöhnliches Gebäude: ein Operntheater aus rosa Marmor, wo die Instrumente einer ersten Ouvertüre erklangen. Auf seiner Bühne sangen die Künstler eines aus Mailand gekommenen italienischen Ensembles, und das Publikum warf den »Diven« fremdartige Blumen zu, deren Namen ihnen unbekannt war. Zwei Schritte vom düsteren Urwald entfernt konnte man Schmuck und hochelegante Kleidung bewundern. Das ließ an die Pracht der großen romantischen Opernabende denken, wie die alten Leute sich erinnerten: damals, in den schon fernen Zeiten, als der Kaiser dem Komponisten Carlos Gomes seinen großmütigen Schutz gewährte ...

Danach ging es mit dem Handel und Wandel der Stadt

bergab. Die Bäume, die so viele Leute hergelockt hatten, lieferten einen Saft, der nun zu einem niedrigeren Preis notiert wurde. Die Opernensembles kehrten nicht wieder, und die von den Pilzen der Tropen zerfressenen Fräcke wurden in tiefen Truhen verwahrt. Später kamen andere Geschäfte und Industrien, die der Stadt ein harmonischeres, beständigeres und vernünftigeres Wachstum sicherten. Der Mensch von Manaos ging in die Mythologie Amerikas ein. Es entstand die eigentliche Metropole des Urwalds – eine Stadt, deren Einwohnern es nach einem ruhmreichen Kampf angeblich gelungen war, die maßlose Übermacht des Dschungels einzudämmen ... Ein weiterer Sieg des Menschen über die unersättliche Natur des Kontinents! ...

Ein weiterer Sieg? ... Haben Sie schon die Kabelnachrichten von gestern gelesen: »Die Hauptstadt wurde von der unaufhaltsamen Flutwelle der über die Ufer getretenen Flüsse der Region überschwemmt, die den höchsten Wasserstand seit Menschengedenken erreicht haben. Mehrere Motorboote sind ausgelaufen, weil man Schlangen, die ganze Menschen hinunterschlucken können, sowie riesige Kaimane töten will, die das Wasser aus den Urwäldern am Amazonas und am Rio Negro mitgerissen hat ...«

War es nicht Goethe, der gesagt hat, der Mensch in unserem Jahrhundert werde wohl in einer liebenswerten, für immer zur Vernunft gekommenen Natur leben?[12]

12 Brief Goethes vom 18. Dezember 1831 an Johann Gottlob von Quandt (s.u.) (Anm.d.Ü.).

Der Kaiser Kapac-Apu

»In Peru hat man das Grab des Kaisers Kapac-Apu entdeckt [...]. Er herrschte vor vier- oder fünftausend Jahren, lange vor der Inka-Kultur [...]. Der Sarkophag hat große Ähnlichkeit mit denen der ägyptischen Pharaonen.« So läßt sich zusammenfassen, was man gestern in einer Meldung unserer Zeitung lesen konnte. Eine weitere Entdeckung, die das Alter mancher Kulturen des Kontinents schwindelerregend weit in die Vergangenheit zurückverlegt. Ein Fund, der zu der neuesten Einsicht hinzukommt, daß der Boden Perus in einer bestimmten Küstenregion mit riesigen Zeichnungen bedeckt ist – manche erreichen eine Länge von sieben Kilometern –, deren Existenz die amerikanische Archäologie vor eines ihrer bisher schwierigsten Probleme stellt.

Um die Jahrhundertwende wurde in gewissen Texten mit erstaunlicher Selbstgefälligkeit behauptet, die Erforschung der alten Kulturen der Neuen Welt habe die äußersten Grenzen einer möglichen Bestandsaufnahme erreicht. Ich glaube, es war einer von den »Científicos«[13] des Porfirio Díaz, der in den Tagen des hundertjährigen Jubiläums der Unabhängigkeit erklärte, man wisse über die Geschichte der Azteken und Mayas alles, was man wissen könne. Jenseits des in den Büchern Abgedruckten befand sich das archäologische Niemandsland – das Mysterium der fernen Zeitalter, für die es keine Zeugen oder Chronisten gibt. Noch in meiner Abiturzeit setzten alle Texte übereinstimmend die Ursprungsepoche der amerikanischen Kulturen im zweiten Jahrhundert unserer Zeitrechnung und ihre Blütezeit zwischen dem elften und dem vierzehnten Jahrhundert an. Danach sollten sie in eine

13 »Wissenschaftler«: Bezeichnung für die unter dem mexikanischen Präsidenten Porfirio Díaz (1877-1911) den Regierungsapparat und die Wirtschaft kontrollierende Gruppe, die eine »wissenschaftliche« Theorie von »Ordnung« und »Fortschritt« vertrat (Anm.d.Ü.).

Epoche des Niedergangs eingetreten sein, der sie beinahe widerstandslos den Conquistadoren ausgeliefert hätte.

Inzwischen haben wir das Wunder von Machu-Pichu kennengelernt. Der Urwald gab die großartigen Fresken von Bonampak frei, und aus ihren Lianenverstecken kamen steinerne Kolossalköpfe mit geschlossenen Augen hervor, die nach so vielen Jahrhunderten wieder von den Menschen betrachtet werden. Eine Pyramide offenbarte ihr Geheimnis, einen in ihrem Innern ruhenden König, während die Kaiser Perus nacheinander aus ihren Gräbern steigen, um uns ihr Alter mitzuteilen und über unsere Zurückhaltung bei chronologischen Schätzungen zu spotten ... Angesichts solcher Veränderungen, denen unsere Vorstellungen zwangsläufig unterliegen, angesichts des Glaubwürdigkeitsverlustes so vieler Texte kommen wir zu dem Schluß, daß wir gerade erst einige Grundkenntnisse in der alten Geschichte Amerikas haben. Und wenn wir in den wenigen Jahren, die wir dem systematischen Studium unserer Archäologie widmen, schon derart erstaunliche Entdeckungen gemacht haben – wie viele Überraschungen erwarten uns dann noch in manchen schlecht erforschten Regionen unserer Länder? ...

In Anbetracht solcher Entdeckungen wie der, die uns die gestrige Kabelmeldung verkündet hat, kommt man schließlich auf den Gedanken, daß es – will man sich einen Gesamtüberblick verschaffen – noch zu früh ist, um mit dem Studium der alten Kulturen der Neuen Welt zu beginnen.

Die Notwendigkeit eines kulturellen Austauschs zwischen den Ländern Lateinamerikas

Die Intellektuellen unseres Kontinents haben tausendmal verkündet, daß ein kultureller Austausch zwischen den Ländern Lateinamerikas notwendig sei. Gerade deshalb wäre zu erwarten gewesen, daß sich dieser Austausch von Jahr zu Jahr verstärkte, um eine bessere Verständigung zwischen den Angehörigen unserer Völker zu fördern ... Wenn wir jedoch die heutige Situation mit der vor einem Vierteljahrhundert vergleichen, so haben wir ganz im Gegenteil den Eindruck, daß dieser Austausch bei weitem keine größeren Ausmaße annimmt, sich vielmehr im Lauf der Zeit verringert hat. Selbstverständlich wissen wir, daß die Autoren immer mehr Bücher übersenden, denn schließlich haben wir jetzt mehr Schriftsteller als früher. Wir beziehen uns auch nicht auf die ausgezeichnete Arbeit, die unsere Kulturabteilungen in den Ministerien leisten oder auf das großartige Lateinamerikanische Musikfestival, das vor kurzem in Caracas stattgefunden hat ... Wenn wir aber den so überaus notwendigen Bereich der Kulturzeitschriften betrachten, entdecken wir, daß diese weniger zahlreich als früher erscheinen, oder zumindest werden sie weitaus weniger auf dem Kontinent verbreitet.

Vor fünfundzwanzig Jahren erfüllte García Monges *Repertorio Americano* mit seinen regelmäßigen, überall begierig erwarteten Heften eine weltweite Informationsaufgabe. Die in Buenos Aires erscheinende Zeitschrift *Nosotros* zirkulierte von Süden nach Norden. In Buenos Aires wurde auch ein Periodikum veröffentlicht, das sich an den Vorbildern der Pariser *Nouvelles Littéraires* und der Madrider *Gaceta Literaria* ausrichtete und eine wichtige Funktion hatte. Die Kubaner meiner Generation fanden ihre maßgeblichen Sprachrohre in der prachtvollen Zeitschrift *Social* und der *Revista de*

Avance, zu deren Begründern wir gehörten. Die peruanische Zeitschrift *Amauta* brachte uns Nachrichten von der anderen Seite des Kontinents, und auch Chile war mit mehreren wertvollen Publikationen vertreten. Und was noch wichtiger ist, diese Zeitschriften wurden nicht nur an Privatleute versandt, sie waren in den Buchhandlungen zu finden, man konnte sie überall kaufen. Viele ursprünglich in Havanna oder Caracas erschienene Artikel und Essays wurden in anderen Ländern nachgedruckt, so daß man sie unter unterschiedlichen Blickwinkeln in fünf oder sechs Zeitschriften Lateinamerikas lesen konnte.

Man wird mir gewiß sagen, daß Mexiko heute ausgezeichnete Literaturzeitschriften hat – die bedeutender als die früherer Zeiten sind, wie dies für *Cuadernos Americanos* gilt. Man wird mir gewiß auch sagen, daß in Havanna die großartige Zeitschrift *Orígenes* erscheint, daß *Sur* in Buenos Aires nach seinem fünfundzwanzigjährigen Jubiläum weiterbesteht, daß es mehr venezolanische Zeitschriften gibt, die besser als früher sind. Das will ich gar nicht in Frage stellen. Doch es ist offensichtlich, daß viele dieser Zeitschriften nur eine begrenzte Verbreitung auf dem Kontinent haben und eine geringere Leserzahl erreichen. Man könnte in so manche Buchhandlung gehen, ohne eine Ausgabe von *Sur* zu finden. Und wenn man nach *Orígenes* suchen wollte, so wäre das eine vergebliche Mühe. Von Peru und Chile wissen wir wenig. Nur Mexiko hat mit den *Cuadernos Americanos* eine zufriedenstellende Verbreitung erreicht ... Das bedeutet nicht gerade, daß sich der kulturelle Austausch zwischen den Völkern unseres Kontinents verstärkt hat.

Das Mysterium der Eingeborenenkunst

Der bedeutende Ethnologe Claude Lévi-Strauss hat soeben einen eindrucksvollen Forschungsbericht über die Zivilisation und die materielle Kultur bestimmter Eingeborenenstämme Brasiliens veröffentlicht ... In einem Kapitel seiner Arbeit widmet er mehrere Seiten den Malereien, mit denen die Mbaya-Indios – deren Siedlungen in der Vergangenheit eine Blütezeit erlebten, jedoch heute dem Untergang nahe sind – ihren Körper schmücken. Die Methode, mit der diese Malereien hergestellt werden, entspricht jener, die man bei den Piaroa-Stämmen des Amazonas-Territoriums beobachten kann. Es handelt sich, sagt er, um ein »Netz asymmetrischer Arabesken (...), die mit subtilen geometrischen Motiven abwechseln«.[14] Der Ethnologe interessiert sich jedoch für eine Frage, die weitaus mehr als die heutige Ausführung dieser Malereien fasziniert und geheimnisvoller ist.

»Der erste, der sie beschrieb«, teilt er zu diesen Zeichnungen mit, »war der Jesuitenmissionar Sánchez Labrador, der von 1760 bis 1770 bei ihnen lebte; aber erst Boggiani fertigte ein Jahrhundert später« – das heißt gegen Ende des neunzehnten Jahrhunderts – »genaue Reproduktionen an«.[15] 1935 besucht Lévi-Strauss ein Mbaya-Dorf und sieht den Frauen zu, die genau die gleichen Zeichnungen anfertigen: »Zunächst hatte ich mir vorgenommen, die Gesichter zu fotografieren, doch die finanziellen Ansprüche der Stammesschönen hätten meine Mittel bald erschöpft. Daher versuchte ich, Gesichter auf Papier zu zeichnen und die Frauen zu bitten, diese so zu bemalen, als wären es ihre eigenen Gesichter; der Erfolg war

14 Zit. nach: Claude Lévi-Strauss, »Traurige Tropen«, Übersetzung aus dem Französischen von Eva Moldenhauer, Leipzig, Verlag Philipp Reclam jun., 1988; S. 200 (Anm.d.Ü.).

15 A.a.O., S. 200f. (Anm.d.Ü.).

so groß, daß ich auf meine ungeschickten Skizzen verzichtete.«[16] Tatsächlich gingen die Indias mit Bleistift und Papier – die ihnen unbekannt waren – so sicher um, als handelte es sich darum, menschliche Gesichter oder Leder zu bemalen. »Wie groß war daher meine Überraschung«, berichtet Lévi-Strauss weiter, »als mir vor zwei Jahren ein brasilianischer Kollege ein paar Zeichnungen schickte, die er fünfzehn Jahre später gesammelt hatte. Seine Dokumente schienen nicht nur mit ebenso sicherer Hand ausgeführt worden zu sein wie die meinen, sondern auch die Motive waren zum größten Teil dieselben. Während dieser ganzen Zeit hatten sich also sowohl Stil und Technik als auch die Inspiration unverändert erhalten, wie schon während der vierzig Jahre, die zwischen dem Besuch von Boggiani und meinem eigenen verflossen waren. Diese konservative Gesinnung ist um so bemerkenswerter, als sie sich nicht auf die Töpferei erstreckt, die, nach den letzten Veröffentlichungen zu schließen, gänzlich zu verfallen scheint«[17] ...

Die von den indianischen Informantinnen bewiesene gestalterische Sicherheit, die wahrhaftige Schönheit und Weisheit der gesammelten Zeichnungen, die Beständigkeit ihrer Motive und die stets erneuerte Genauigkeit ihrer Linien machen Lévi-Strauss nachdenklich: »Leider ist es weder mir noch meinen Nachfolgern gelungen, die dieser Eingeborenen-Stilistik zugrunde liegende Theorie zu erfassen: die Informanten geben zwar einige Anhaltspunkte in bezug auf die einfachsten Motive, schützen jedoch Unwissenheit oder Vergessen vor, sobald es sich um kompliziertere Verzierungen handelt. Mag sein, daß sie tatsächlich nur auf der Grundlage eines empirischen Wissens zu Werke gehen, das von Generation zu Generation überliefert wird; mag sein, daß sie Wert darauf legen, das Geheimnis ihrer Kunst zu wahren«[18] ... Tatsächlich

16 A.a.O., S. 201 (Anm.d.Ü.).
17 A.a.O., S. 201f. (Anm.d.Ü.).
18 A.a.O., S. 203 (Anm.d.Ü.).

wird diese primitive und zugleich subtile Darstellungsform aber von einem ganzen ästhetischen System bestimmt. Von einer Ästhetik, die in einem offenbaren Vollkommenheitsstadium verharrt. Wie entstand diese Kunst? Wie wurde ihr Kanon geschaffen? Warum entspricht sie einem eher geometrischen als figurativen Konzept? Warum beherrschen die Frauen sie derart vollendet, ohne bei deren Linien jemals zu zögern oder sich zu irren? Ein Mysterium. Doch die Sache verhält sich nun so, daß jemand, der nur den Parthenon als Muster der griechischen Architektur gekannt hätte, die gleichen Fragen stellen könnte. Denn die Mbayas gelangten nicht mit einem einzigen ersten Schritt zu dem, was ihre heutige Kunst ausmacht. Es gab Entstehung, Entwicklung und Festlegung. Kurz gesagt: den Weg einer ganzen ästhetischen Ordnung, der dem Weg jeder anderen bekannten Ästhetik gleicht.

Das beweist, daß das kollektive Denken aller Völker, die zu Unrecht als »Primitive« oder »Wilde« bezeichnet werden, in Übereinstimmung mit allgemeingültigen, allen Menschen gemeinsamen Gesetzen vorgeht.

Paul Rivet und die Mayas

Der hervorragende französische Amerikanist Paul Rivet, wohlbekannt bei allen, deren Forschungsinteresse unserem Kontinent gilt, hat uns vor kurzem den Ertrag seines ganzen dem Studium der Zivilisation und Kultur der Mayas gewidmeten Lebens übergeben ... Wenn es auch zutrifft, daß ihn seine berühmten Arbeiten über den Ursprung des amerikanischen Menschen vielleicht zunehmend von diesem umfangreichen Werk – der Erforschung eines Reichs, dessen Zentren sich auf der Halbinsel Yucatán und in Honduras befanden – abgelenkt haben, so stellte es für ihn doch immer einen wesentlichen Tätigkeitsbereich dar. Schon vor über dreißig Jahren ließ er sich von Miguel Ángel Asturias bei der Übersetzung des *Popol-Vuh*, dieses grundlegenden Textes der Quiché-Kultur, unterstützen, bevor er während des letzten Kriegs seine Forschungen in Mexiko fortsetzte, genau dort, wo sich die wichtigsten Ruinen befanden. Nachdem der Fondo de Cultura Económica eine von dem nordamerikanischen Professor Vaillant geschriebene Geschichte des Mayareichs veröffentlicht hat, wird uns nun die erste erschöpfende Untersuchung vorgelegt, die auch die jüngsten archäologischen Entdeckungen in Mexiko einbezieht und das kostbare Material von einhundertfünfzig gerade erst entzifferten Inschriften nutzt.

Die Untersuchung der Mayakultur hat stets eine beunruhigende und geheimnisvolle Frage aufgeworfen: die der Ursachen für den Niedergang des Alten Reichs, der um das Jahr 830 unserer Zeitrechnung begann. Für diesen Niedergang ließen sich keine zutreffenden Erklärungen finden (was gleichartigen Rätseln nahekommt, wie etwa dem Zusammenbruch der Kultur von Angkor Vat in Indochina). Einige Forscher hielten ein Erdbeben für die Ursache, was kaum wahrscheinlich ist; weitere sprachen von Klimaänderungen, Bürgerkriegen oder Angriffen anderer Völker, die kämpferischer oder besser bewaffnet waren – dabei berücksichtigte man, daß die Mayazivilisation im wesentlichen friedlich und gerade deshalb stark gefährdet war. Für Paul Rivet ist die Erklärung höchst einfach und stellt uns vor das Problem der Bodenbewirtschaftung, das man seit einiger Zeit in vielen Ländern des Kontinents und ganz besonders in Venezuela beobachtet hat. Für den großen Amerikanisten ist der Verfall des Alten Reichs ganz einfach auf das System der Brandrodungen zurückzuführen, das die einheimische Landwirtschaft entwickelt hatte. Dieses System besteht darin – wie wir genau wissen –, »am Ende der Trockenzeit die Pflanzen zu verbrennen und am Beginn der Regenzeit auf der Asche auszusäen«. Dies soll zu einer zunehmenden Erschöpfung des Bodens geführt haben, der eine Bevölkerung, die in manchen Städten größer als die vieler europäischer Hauptstädte derselben Epoche war, von einem bestimmten Zeitpunkt an nicht mehr mit ausreichenden Erträgen versorgen konnte.

Im Neuen Reich, das um das Jahr 1421, nach dem Verlust der Vormachtstellung Mayapáns, in eine Reihe von Kleinstaaten zerfiel, entstanden neue religiöse und politische Zentren, deren Einwohnerzahl schließlich, wie etwa in Chichén-Itzá, auf über zweihunderttausend anstieg. Dann kamen die spanische Conquista und der vollständige Zusammenbruch einer Kultur, die – wie Rivet erklärt – »sich von allen übrigen präkolumbischen Kulturen unterschied, eine eigenständige und außergewöhnliche Schöpfung des menschlichen Geistes war«. Doch wenn die Geschichte dieses Volkes schon an sich faszinierend wirkt, so läßt sich unser besonderes Interesse auch mit den Schilderungen des hervorragenden Amerikanisten begründen: Er stellt das Alltagsleben, die religiösen Zeremonien, die militärische Organisation, die Sitten und Riten von Menschen vor, die eine glanzvolle Architektur, eine alle Techniken beherrschende Bildhauerkunst und eine Wandmalerei schaffen konnten, die der damaligen europäischen überlegen war und deren eindrucksvollste Beispiele vor kurzem an den Wänden des Tempels von Bonampak entdeckt wurden, eines Tempels, der im tiefsten Innern eines beinahe unerforschten Urwaldes steht.

Paul Rivets Buch ist ein überaus wertvoller Beitrag zur Geschichte einer Kultur, die vor kaum vierzig Jahren so gut wie ganz unbekannt war. Eine gerade wegen ihrer Eigenständigkeit außergewöhnliche Kultur, denn sie hatte ja keinen Zugang zu jenen Entwicklungsprozessen, die im Verlauf der Jahrhunderte in aufeinanderfolgenden Stufen allmählich die Kultur der Menschen der Conquistazeit geschaffen hatten.

Abb. 1 Salto del Angel am Auyán-Tepuy, Canaima-Nationalpark, Venezuela
»Auch setzt dieser prunkvolle Wasserengel die Füße nicht auf die Erde, sondern versprüht sich in schaumigem Dampf, ein dichter Tau, über den tiefgrünen Bäumen, die ihn in ihren Ästen empfangen.«

Abb. 2 Luftaufnahme des Roraima-Tepuy, Bolívar, Venezuela
»Und jetzt, zur Krönung, erscheint nach Brasilien zu der gewaltige Roraima-Tepuy, der Stein-Schutzheilige der Großen Savanne, den die Arekuna-Indianer mit inbrünstigen Hymnen verehren.«

Abb. 3 La Gran Sabana, Venezuela
»Die Große Savanne ist die uranfängliche Welt des Popol-Vuh, in welcher der Stein sprach und den Menschen von Angesicht zu Angesicht zur Rede stellte.«

Abb. 4 Sierra-Nevada-Nationalpark, Venezuela
»Alles ist hart, alles ist feindlich, alles ist düster, alles ist tragisch auf diesen trostlosen Höhen, die den Geist gleichwohl auf sonderbare und unbezwingliche Weise faszinieren.«

Abb. 5 Gesamtansicht der Ausgrabungsstätten auf dem Monte Albán, Oaxaca, Mexiko
»Monte Albán ist das Mykene Amerikas, ein weiträumigeres Mykene mit zahlreicheren Überresten und vor allem mit einer längeren Geschichte.«

Abb. 6 Fresko in einer Maya-Grabstätte in Bonampak, Mexiko
»Eine Wandmalerei, die der damaligen europäischen überlegen war und deren eindrucksvollste Beispiele vor kurzem an den Wänden des Tempels von Bonampak entdeckt wurden, eines Tempels, der im tiefsten Innern eines beinahe unerforschten Urwaldes steht.«

Abb. 7 Olmekische Monumentalplastik aus den Ruinen von La Venta, Mexiko (heute im Skulpturenpark von Villahermosa) *»Diese riesigen, beinahe kugelförmigen und immer körperlosen Skulpturen tauchten nun nach vielen Jahrhunderten aus dem Erdboden auf und zeigten sich den Menschen unserer Zeit.«*

Abb. 8 Innenhof im Palast des Quetzal-Mariposa in Teotihuacán, Mexiko
»Zwanzigmal kehrt der Besucher in denselben archäologischen Komplex zurück, und zwanzigmal verspürt er die gleiche Erregung angesichts der Überreste jener Stadt, die ganz der Verehrung unerbittlicher Götter geweiht war.«

Abb. 9 Eingang zur Säulenhalle in Mitla, Oaxaca, Mexiko
»Man war zur äußersten Klarheit der geometrischen Ornamentik, zu den Hallen ohne Idole, ohne Götter aus Ton oder Stein, zur unumschränkten Schönheit der Strukturen gelangt ...«

Abb. 10 Maya-Tempel in Tikal, Guatemala
»Am meisten erstaunte den Missionar die ungewöhnliche Höhe einiger Pyramiden, die steil abfallende Seiten hatten und auf deren Spitzen sich Tempeln ähnelnde Bauwerke erkennen ließen.«

Der magische Ort Teotihuacán

Die Franzosen bedienen sich eines Begriffs, der in ihrer Sprache überaus erhaben klingt: Sie bezeichnen jene Orte, die der Mensch geheiligt hat und an denen er der Gottheit seine besten architektonischen und kunsthandwerklichen Leistungen darbietet, als *hauts lieux* – »Hochburgen« ... Unter den »Hochburgen« der Welt, die an untergegangene Religionen erinnern, gibt es wahrscheinlich wenige, die die Erhabenheit, Macht und Monumentalität jenes Komplexes von Pyramiden, Tempeln, Palästen, Hallen und Grabmalen bewahren, wie man sie in San Juan Teotihuacán unweit von Mexiko-Stadt bewundern kann. Zwanzigmal kehrt der Besucher in denselben archäologischen Komplex zurück – in dem immer noch viel zu entdecken ist –, und zwanzigmal verspürt er die gleiche Erregung angesichts der Überreste jener Stadt, die ganz der Verehrung unerbittlicher Götter geweiht war – und deren Priester sie schon verlassen hatten, als die Conquistadoren eintrafen –, jener Stadt, wo die Formen eine beunruhigende Mannigfaltigkeit aufweisen.

Ich spreche von Formen, weil die Bauwerke von San Juan Teotihuacán – unabhängig von den Ornamenten und den Reliefs, die die riesigen, hinter der Pyramide der Opfer stehenden Köpfe des Quetzalcóatl und des Tláloc einrahmen – nach den Regeln der Geometrie errichtet wurden. Allerdings wirkt diese Geometrie wegen der Art ihrer Anwendung verwirrend. Die Steinmetzen, die dort arbeiteten, konnten sich der Geometrie bedienen, um die eigentümlichsten optischen Täuschungen zu schaffen, indem sie in einem titanischen Maßstab das benutzten, was die Franzosen – die so erfolgreich treffende Begriffe prägen – das *Trompe-l'œil* nennen und was das gleiche wie »Augentäuschung« bedeutet. Die Sonnen- und die Mondpyramide sind schön, ganz offensichtlich. Doch warum ähneln sie nicht den anderen uns bekannten Pyramiden? Warum erwecken sie den sonderbaren Eindruck, daß sie sich auf uns zubewegen und nicht in der Ruhe ihrer vollkommenen Perspektiven verharren, sondern immer größeren Raum einnehmen, je mehr wir uns nähern? Bald bemerken wir, daß ihre Erbauer jede Pyramidenfläche nicht als ein vollständiges Dreieck gestalteten, sondern dieses Dreieck in eine Reihe von Horizontalschnitten aufteilten, deren Seiten nicht genau zusammenlaufen. Wenn wir jede Seite mit einer aufsteigenden geraden Linie verlängerten, würde diese nicht die Pyramidenspitze erreichen, sondern in einiger Entfernung an ihr vorbeilaufen und einem unsichtbaren Scheitelpunkt zustreben, der viel weiter oben liegt. Hieraus ergibt sich eine perspektivische Täuschung, die die Pyramiden von Teotihuacán viel massiver wirken läßt, als sie es tatsächlich sind, und das führt auch zu dem Eindruck, daß sie auf den Betrachter zukommen, daß ihre Flächen größer werden, je mehr man sich ihnen nähert.

Ein weiteres Spiel mit der optischen Täuschung läßt sich im Tempel des Quetzalcóatl, einem weiträumigen ummauerten Rechteck, beobachten, wo sich zwölf Grabhügel an den verlängerten Achsen ebenso vieler Treppen erheben, jedoch durch eine breite Plattform von ihnen getrennt sind. Je näher der Besucher an die Pyramide der Opfer herankommt, desto mehr verstärkt sich der Eindruck, daß sich die Grabhügel verlagern, um ihn kreisen und ständig den Ort wechseln. Wenn er eintritt, glaubt er zu sehen, daß die beiden letzten Gräber keine eigenen Zugangstreppen haben, denn diese stimmen scheinbar mit denen der vorletzten Grabreihe überein. Sobald wir etwas weiter laufen, ordnet sich diese ungewöhnliche Geometrie allmählich von selbst und versetzt die Achsen an ihre richtige Stelle – obwohl sie hinter uns weitere falsche Perspektiven schafft ... In all dem gibt es einen Architekturbegriff, der sich eigentümlich von dem unterscheidet, worum sich in derselben Zeit die europäischen Baumeister bemühten, die das Mysterium aus ihren Bauwerken immer weiter verbannen wollten.

Eine »Hochburg« im eigentlichen Sinn des Wortes ist diese heilige Stadt Teotihuacán, die in der geheimnisvollen Welt der mexikanischen Hochebene so viele Jahrhunderte lang unbekannt, verödet und verborgen war! ...

Das staunenerregende Mitla

Die Ruinen von Mitla, die auf der nach Tehuantepec führenden internationalen Straße ungefähr vierzig Kilometer von Oaxaca entfernt liegen, wurden von der archäologischen Literatur wenig wohlwollend behandelt, wenn wir sie mit San Juan Teotihuacán, Palenque, Chichén-Itzá und selbst mit Bonampak vergleichen, die bereits über eine reichhaltige Bibliographie verfügen. Da mich ihre Entdeckung in Erstaunen versetzt hatte, suchte ich jedoch in Mexiko-Stadt nach einem Werk, einer wichtigen Forschungsarbeit, einem Fotoalbum, die sich mit diesem eindrucksvollen Gebäudekomplex beschäftigen, dessen Geist sich gewissen allgemeinen Kulturnormen vollständig entzieht. Ich sah mich in den besten Buchhandlungen der Hauptstadt um, ohne das zu finden, was ich haben wollte. Ich war mir einigermaßen sicher, daß es ein solches Buch irgendwo geben mußte. Aber der sonderbare Zufall hat es so gefügt, daß der gesuchte Band nirgends auftauchte, was allenfalls beweisen könnte, daß es wenig Nachfrage nach ihm gab. Schließlich wies man mich auf ein Werk des berühmten mexikanischen Archäologen Alfonso Caso hin; doch als ich den Text prüfte, stellte ich fest, daß er nichts von dem behandelte, was für mich wissenswert war.

Beim Durchblättern der für Touristen bestimmten Handbücher bemerkte ich zu meiner Überraschung immer eine gewisse Zurückhaltung, eine Scheu vor einem Urteil über den Architektur- und Skulpturenstil, dessen großartige Zeugnisse in Mitla zu sehen sind. Ein Reisebericht von 1580, der in einer kleinen Informationsbroschüre angeführt wird, weist darauf hin, daß es an den Tempelwänden »fremdartige Arbeiten nach römischer Art« (?) gebe. Der zeitgenössische Autor betont, derartige Ornamente seien »eher preziös als architektonisch, ein wenig eintönig, jedoch technisch perfekt ...«. Ich persönlich sehe diese Ornamente gerade als repräsentativ für eine auf der Welt ganz einzigartige Erscheinung in der bildenden Kunst an, wenn wir eine bestimmte für die islamische Welt typische Ornamentik außer acht lassen, die von dem ursprünglichen Verbot bestimmt wird, die menschliche Gestalt darzustellen.

Das als »Tempel der Säulen« bekannte Gebäude in Mitla ist einfach ein in seiner Ästhetik vollkommen abstrakter Bau, dessen Gesamtkonzeption sich nach so etwas wie einer pythagoreischen Zahl richtet. Ich berufe mich selbstverständlich auf die pythagoreische Zahl als einen Vergleichs- und Bezugsfaktor, der unserem Verständnis zugänglich ist. Doch man müßte wissen, durch welchen Prozeß von Berechnungen, technischen Entwicklungen und tiefgründigen Verfeinerungen der Strukturen und Formen die Mixteken zu diesem Tempel-ohne-Idole, diesem Tempel-ohne-Bild als höchstem Ausdruck einer umfassenden Kultur gelangt sind ... Denn der Kultort Mitla existierte bereits, als die Pyramiden der Gruppe Monte Albán I errichtet wurden – das heißt um das Jahr 700 vor Christus. Es gab einen ständigen kulturellen Austausch zwischen den Zapoteken und den Mixteken, wobei die erstgenannten vielleicht das Übergewicht hatten. Wie man im Archäologischen Museum von Oaxaca feststellen kann, hatten die Zapoteken zunächst eine in der Formgestaltung grobe und derbe Kunst. Nach und nach verfeinerte sich ihr plastisches Können und führte schließlich in jener Zeit, die ihrer klassischen Epoche entspricht, zu einem echt barocken Stil. Mitla hatte sich unterdessen nur langsam entwickelt, wenn man es mit dem kulturellen Aufschwung der Zapoteken vergleicht: so langsam, daß einige von seinen Tempeln noch für die Riten der alten Religion geöffnet waren, als die spanischen Conquistadoren kamen.

In diesen Tempeln hatte man sich jedoch dem barocken Stil der Zapoteken widersetzt und war zur äußersten Klarheit der geometrischen Ornamentik, zu den Hallen ohne Idole, ohne Götter aus Ton oder Stein, zur unumschränkten Schönheit der

Strukturen gelangt ... Wenn man die Hauptfassade des Tempels der Säulen betrachtet, entdeckt man etwas höchst Bedeutsames: Ihre geometrischen Ornamente beachten nämlich nicht die geringste Symmetrie bei der Anordnung der Motive, die, da ein besser geeigneter Begriff fehlt, mein Reisehandbuch als »Ornamente à la grecque« bezeichnet. Eine wunderbare Gliederung der Formen stellt uns ein Thema (ein echtes musikalisches Thema) vor, das den gesamten zentralen Türsturz einnimmt. Und dieses Thema wird auf achtzehn Wandflächen entwickelt – dies ist das richtige Wort –, auf denen das ursprüngliche Bildmotiv zu seinen äußersten Konsequenzen geführt wird ... So groß ist das Wunder von Mitla, daß es ein in der Geschichte der Weltkunst einzigartiges Problem aufwirft: das einer Reaktion des Abstrakten gegen das Barocke.

Ein Beitrag Amerikas

Als sich die ersten Luftschiffer an Bord der reichverzierten Montgolfieren-Gondeln in den Raum erhoben, waren ihnen die Gefahren wohlbewußt, die ihnen beim Aufstieg unmittelbar drohten. Doch es gab eine andere, regelmäßig auftretende Gefahr, die sie überhaupt nicht kannten: die der Störungen, zu denen eine schnelle Versetzung in große Höhen im menschlichen Organismus führt. Und tatsächlich: Die Menschen kümmerten sich bis zum sechzehnten Jahrhundert nicht um die Berge. In der Antike verlegte man den Olymp auf die schneebedeckten Gipfel, doch nie war jemand so neugierig, sich diesen Olymp näher anzusehen – das hätte sich gelohnt! –, um zu erfahren, was dort vor sich ging. Man bestaunte die Berge von unten. Ich erinnere mich an keinen einzigen klassischen Text, der uns die Abenteuer eines Aufstiegs ins Hochgebirge schildert. Außerdem waren Sagen und Märchen verbreitet, die dazu beitrugen, jeden angehenden Bergsteiger von vornherein abzuschrecken: Man behauptete, oben im Gebirge hausten böse Geister, gewisse Ausdünstungen der Steine und Pflanzen wirkten tödlich, oder ein Fluch, ein Verhängnis kosteten den das Leben, der zu den Gipfeln hinaufklettern wollte.

Nie hätte ich geglaubt, wie wichtig die Eroberung Amerikas in wissenschaftlicher Hinsicht für die Kenntnis der Berge und die Beobachtung der von der Höhe bewirkten physiologischen Vorgänge war. Wenn man von den einzelnen Beiträgen unseres Kontinents zur Weltkultur spricht, vergißt man diesen Punkt vollständig, den nun ein Spezialist, der französische Gelehrte Dr. Paul Chauchard, in einem gut dokumentierten Artikel beschreibt: »Es war ein Reisender der Renaissancezeit«, erklärt er, »der ehrwürdige Pater Acosta, der zum erstenmal von der ›Bergkrankheit‹ berichtet hat, weil er auf den Andenhochebenen unter ihr gelitten hatte ... Die Anforderungen für die Eroberung der amerikanischen Reiche lagen also unseren diesbezüglichen Kenntnissen zugrunde.« Wir wissen, daß viele Gefährten Pizarros vom »Soroche«, der Höhenkrankheit in den Anden, heimgesucht wurden. Und es ist eine gesicherte Tatsache, daß die Europäer vor der Eroberung Perus nie eine Gelegenheit hatten, sich in solche Höhen hinaufzuwagen.

Als Périer im Jahre 1648 einen Berg der Auvergne besteigt und zum erstenmal feststellt, daß sich die Barometersäule mit zunehmender Höhe verändert, läßt er sich von Blaise Pascal beraten, dessen wunderbarer Verstand sich mit allem beschäftigte. Derartige Forschungen entwickeln sich jedoch nicht weiter, bis La Condamine, Bouguer und Godin, die den Auftrag haben, einen Meridiangrad der Erde zu messen, neue Untersuchungen in den Anden vornehmen. Seitdem wird Amerika zu einem ständigen Experimentierfeld. Nach den wertvollen Beobachtungen Humboldts verlagert sich der Arbeitsschwerpunkt nach Mexiko, wo der französische Arzt Jourdanet das Gebirgsklima so systematisch und gründlich untersucht, daß er seine immer noch vollständig gültigen Schlußfolgerungen in einer ganzen Reihe von Abhandlungen festhalten kann, die in einem vierzehnjährigen Zeitraum (von 1861 bis 1875) erscheinen. Aber das war noch nicht alles: Die wahnwitzige französische Militärexpedition nach Mexiko, die das kurzlebige Kaiserreich Maximilians unterstützen soll, ermöglicht eine Vielzahl von Untersuchungen über die Widerstandsfähigkeit oder Anfälligkeit des menschlichen Organismus, der nicht an die klimatischen Bedingungen der Hochebene gewöhnt ist.

So können wir feststellen, daß zahlreiche Grundkenntnisse, die für den Menschen der Zukunft wohl unentbehrlich sind, damit die Eroberung des Weltraums endgültig beginnen kann, durch das bewundernswerte Unternehmen Pizarros und Almagros erlangt wurden ... Dies ist ein Beitrag unseres Kontinents zur besseren Kenntnis des Menschen, wie es der eingehende und gut dokumentierte Artikel Doktor Paul Chauchards beweist.

Der La-Venta-Park

Einen bedeutsamen und mit schönen Fotos illustrierten Artikel widmet die letzte Nummer der Zeitschrift *L'Œil* dem La-Venta-Park, der vom Dichter Carlos Pellicer in Villahermosa eingerichtet wurde. In diesem Park kann man heute die großen olmekischen Skulpturen bewundern, die der nordamerikanische Archäologe Stirling 1943 entdeckt hat, ein Ereignis, das damals weltweite Beachtung fand. Tatsächlich ahnte man bis dahin nichts von diesen steinernen Kolossalköpfen, die in den Sümpfen von Coatzacoalcos begraben lagen und in der gesamten mexikanischen Kunst etwas Neues und Außergewöhnliches bedeuteten. Diese riesigen, beinahe kugelförmigen und immer körperlosen Skulpturen tauchten nun nach vielen Jahrhunderten aus dem Erdboden auf und zeigten sich den Menschen unserer Zeit. Zunächst hatte man angenommen, die olmekische Kultur gehe auf die ersten Jahre unserer Zeitrechnung zurück. Doch als einige Überreste, die man jetzt im La-Venta-Park sehen kann, dem Urteilsspruch des Kohlenstoff-14-Tests unterworfen wurden, verrieten sie ein weitaus höheres Alter, so daß sie die Lebenszeit ihrer Schöpfer in das erste Jahrtausend vor Christus zurückverlegten.

»Die olmekische Kultur«, sagte Alfonso Caso, eine überragende Autorität auf diesem Gebiet, »ist die Mutter aller Kulturen, die sich danach in Mexiko entwickelt haben.« Und Paul Westheim, ein Schüler des großen Worringer, erklärt: »La Venta schafft die Normen und Tendenzen, die die von einer Abneigung gegen das rein Deskriptive gekennzeichnete ästhetische Haltung des präkolumbischen Menschen bestimmen sollten« ... Carlos Pellicer hat heute die Kolossalköpfe, die größten bisher entdeckten Skulpturen und Statuen, in einem Garten mit üppiger tropischer Vegetation aufgestellt, der eines der schönsten Freilichtmuseen ist, die man in Amerika besichtigen kann.

Wie läßt sich diese Verehrung der Riesen bei den Olmeken, den Vorläufern der zukünftigen Kunstentwicklung, erklären? Hierfür beruft man sich auf eine merkwürdige Passage aus der *Geschichte der Chichimeken*, die ein zum Katholizismus bekehrter Nachkomme der Könige von Texcoco kurz nach der Eroberung Mexikos geschrieben hat: »Die angesehensten Chroniken aus der Epoche des Götzendienstes sprechen von einem ersten Zeitalter, das mit der Schöpfung begonnen hatte. Das war das Zeitalter der Wasser-Sonne. Dieses erste Zeitalter endete mit einer Sintflut, die alle Menschen und alle übrigen Geschöpfe vertilgte. Das zweite Zeitalter, das der Erden-Sonne, schloß mit einem schrecklichen Erdbeben ab. Der Boden riß auf; die Berge versanken oder zerbrachen und töteten beinahe alle Menschen. Riesen herrschten in diesem zweiten Zeitalter. Ihm folgte das dritte, das der Luft-Sonne, das mit einem furchtbaren Sturm endete, der die Bäume, die Bauwerke und sogar die Felsen zu Boden warf. In dieser dritten Periode lebten schon die Olmeken. Wie man aus ihren Geschichten erfährt, waren diese Menschen auf Schiffen und Booten aus dem Osten gekommen und hatten sich an den Ufern des Río Atoyac niedergelassen. Dort begegneten sie einigen Riesen aus dem zweiten Zeitalter, die der Vernichtung aller Lebewesen entgangen waren. Diese waren stolz auf ihre Kraft und unterwarfen die Neuankömmlinge einer grausamen Knechtschaft. Da luden die Menschen sie zu einem großen Festmahl ein, um sich von ihnen zu befreien, machten sie betrunken und ermordeten sie mit deren eigenen Waffen ...«

Wieder einmal die Sintflut! Wieder einmal die Herrschaft der Riesen! Zwei mythische Elemente, die sich in allen sagenhaften Kosmogonien Asiens, des Mittelmeerbeckens und Amerikas entdecken lassen. Kluge Riesen oder schreckliche Riesen, die die Erde schließlich den Menschen überlassen, nachdem sie ihnen eine Lehrzeit auferlegt oder Leiden zugefügt hatten. Riesen, die vielleicht von den Olmeken angebetet wurden ... Dieser Mythos hält sich im Gedächtnis der Menschen so hartnäckig, daß wir unsere Phantasie von den faszinierenden, wenn auch gefährlichen Hypothesen verführen lassen, die der frühverstorbene Denis Saurat in seinem poetischen und beunruhigenden Buch *L'Atlantide et le règne des géants* (dt. »Atlantis und die Herrschaft der Riesen«) vor einiger Zeit geäußert hat.

Zwei kontroverse Themen

Zwei Forschungsarbeiten, eine historischer Art aus Amerika und eine archäologischer Art aus China, sind gegenwärtig Anlaß vielfältiger Kommentare. Die erstgenannte betrifft konkret die Entdeckung unseres Kontinents ... Wir alle hatten es für eine unanfechtbare Wahrheit gehalten, daß Christoph Kolumbus bei seiner ersten Reise die Insel Guanahaní erreicht hatte, die der Admiral »San Salvador« nannte und der man heute den Namen »Watlingsinsel« gibt. Nun ist es so: Im Auftrag des Smithsonian Institute haben Edwin Link und Smith Peterson, zwei nordamerikanische Geographen und gute Kenner der Geschichte der Segelschiffahrt, sich auf eine lange Forschungsreise durch das Karibische Meer begeben und sind dabei den Routen des Kolumbus gefolgt. Als sie zur Watlingsinsel kamen, stellten sie fest, daß die Insel eine ganz andere Gestalt hatte als die vom Entdecker in seinen Reiseberichten geschilderte. Edwin Link und Smith Peterson hatten nicht mit derlei Überraschungen gerechnet und waren nun einigermaßen verunsichert. Sie setzten ihren Weg in südöstlicher Richtung fort und gelangten zur Insel Grand Caicos, die ungefähr vierhundert Kilometer vom ehemaligen Guanahaní entfernt liegt.

Unerwartet entsprach diesmal die Landschaft, die sie sahen, Punkt für Punkt den Beschreibungen des Kolumbus. Es handelte sich um eine flache, dichtbewaldete, wasserreiche Insel, die von Eilanden und Riffen umgeben war, worauf der Entdecker hingewiesen hatte ... Edwin Link und Smith Peterson vervollständigten ihre Beobachtungen, indem sie verschiedene Dokumente anderer Seefahrer zum Vergleich heranzogen. Sie legten dem Smithsonian Institute eine ausführliche Untersuchung vor und entwickelten eine These, die von der berühmten Stiftung uneingeschränkt anerkannt wurde ... Sie besagt, daß Kolumbus den Boden Amerikas zum erstenmal auf der Insel Grand Caicos und nicht auf der Insel Guanahaní betrat. Und da alles, was den Großadmiral betrifft, immer Anlaß zu leidenschaftlichen Kontroversen gibt, bietet sich hier ein lohnendes Thema für Diskussionen, die bald in Spanien und den beiden Amerikas beginnen werden.

Professor Tschi-Pen-Lao, ein chinesischer Archäologe der Universität Peking, hat in einem Gebirgstal von Yunnan und auf einer Insel des Tungfing-Sees eine andere Forschungsarbeit durchgeführt, die gegenwärtig auch für einige Polemik sorgt ... Diese Arbeit wurde nach einem Erdbeben möglich, das sich 1953 ereignete und eine Reihe von bisher unter Wasser stehenden Pyramiden freilegte. Einige dieser Pyramiden sind bis zu dreihundert Meter hoch. Mehrere Untersuchungen ergaben, daß diese geheimnisvollen Bauwerke vor nicht weniger als fünfundvierzigtausend Jahren errichtet wurden. Doch das war nicht die größte Überraschung: Sowohl im Tal als auch auf der Insel wurden in ihrer Ausführung außerordentlich elegant wirkende Zeichnungen sichtbar. Sie stellen Menschen dar, die sich mit den unglaublichsten Dingen beschäftigen. Auf einem bestimmten Felsbild erscheinen Gestalten mit riesigen, zum Himmel erhobenen Trompeten. Und am Himmel selbst – das heißt: buchstäblich in der Atmosphäre schwebend – sieht man mehrere zylindrische Körper, die mit anderen Gestalten bemannt sind. Auch diese halten Trompeten hoch, die den zuerst erwähnten ähneln, allerdings kleiner sind ...

Natürlich fehlte es nicht an phantasievollen Leuten, die erklärten, dieses der Geschichte unbekannte Volk hätte über Flugmaschinen verfügt. Doch es bleibt die Tatsache, daß an diesem Fundort eine unbekannte Zivilisation, deren materielle Kultur einen hohen Entwicklungsgrad erreichte, ihre Blütezeit erlebt hatte. Das verlegt wieder einmal den Beginn des urgeschichtlichen Lebens des Menschen auf unserem Planeten weiter in die Vergangenheit zurück.

Die Gegenwart der Natur

»Östlich von Florida kann sich ein Zyklon entwickeln« ... Das war gestern in unserer Zeitung zu lesen. Und viele hätten keine Vorstellung davon, wie sonderbar es einem Europäer vorkommen mag, von Zyklonen zu hören. Als Goethe in einem berühmten Brief von der »lieben Natur« der Alten Welt sprach, die »zur Vernunft gekommen sey und alle jene verrückten fieberhaften Erschütterungen für immer aufgegeben habe«[19], hatte sein Geist die Ära der Zyklone und auch die der großen Überschwemmungen und der großen Wutausbrüche des Himmels hinter sich gelassen.

Wenn die Seine übermäßig anschwillt, kann es in Paris höchstens dazu kommen, daß zwei Straßen und ein angrenzender Platz überschwemmt werden. Der schlimmste Wirbelwind – ein paar sind dort noch übriggeblieben – wirft allenfalls drei oder vier Fabrikschornsteine um ... Dort, wo Rodungen jahrhundertelang das Land gesäubert und die Urwälder in Ackerfelder verwandelt haben, besänftigen sich nämlich die Flüsse, und sogar der Himmel zeigt ein anderes Gesicht. In den Tiefen brodeln nicht mehr die großen Werkstätten der Feuchtigkeit, während sie hier allezeit ruhelose Wolken aufblähen, bis diese auf einmal wütend auseinanderplatzen, über dem Rükken jungfräulicher Berge, die noch als Wasserscheide dienen, eine Aufgabe, die ihnen die Bibel in den ersten Kapiteln der Genesis zugewiesen hatte. Die Wettererscheinungen Europas sind auf kleine Ausmaße beschränkt, als wären sie für die Bayreuther Bühne geschaffen. Der Blitzstrahl bekundet nicht mehr den Zorn Gottes, seitdem ihn Benjamin Franklin mit einem Blitzableiter eingefangen hat. Und den Wolkenbruch hat vor langer Zeit der Sprühregen ersetzt. Langsam, gleichsam über-

19 Brief Goethes an Johann Gottlob von Quandt, zit. nach: Goethes Werke, IV. Abtheilung, 49. Band, Weimar, Hermann Böhlaus Nachfolger, 1909; S. 174 (Anm.d.Ü.).

redend, durchnäßt er die Passanten, die nichts tun, um ihn auf den Straßen ihrer Städte zu meiden …

Diese Zyklone, die jeden Herbst in der Karibik wüten, sind immer noch eine stets wirksame Vergegenwärtigung der entsetzlichen »Bermudastürme«, die von Shakespeare und den Dramatikern des spanischen Goldenen Zeitalters erwähnt werden – Stürme, die seit dem Beginn der Conquista zum amerikanischen Mythos werden konnten, wie die Existenz der Amazonen oder der Jungbrunnen. Die Tatsache, daß sie heute, 1952, immer noch in den Wetterberichten erwähnt werden, zeigt, daß wir sehr weit davon entfernt sind, unsere eigene Natur bezwungen zu haben, wie Goethes Zeitgenossen die ihre bezwungen, besänftigt und gezähmt hatten.

Havanna betrachtet es als Normalität, einen unheilvollen Zyklon in der Regel alle zehn Jahre einmal über die Stadt hereinbrechen und die entsprechenden Verwüstungen anrichten zu sehen.

Der Zyklon des Jahres 1927 – der vorherige hatte die Hauptstadt im Jahre 1917 mit voller Wucht heimgesucht – hinterließ eine Reihe alptraumhafter Bilder: ein Landhaus, das als Ganzes mehrere Kilometer weit von seinen Grundmauern fortgetragen wurde; aus dem Wasser gehobene und an einer Straßenecke abgesetzte Schoner; mit einem einzigen Windstoß geköpfte Granitstatuen; Leichenwagen, die der Sturm auf Plätzen und Alleen spazierenführte, als würden sie von gespenstischen Kutschern gelenkt. Und um das Maß voll zu machen, eine aus ihrem Bett gerissene Schiene, die emporgewirbelt und derart ungestüm an den Stamm einer Königspalme geschleudert wurde, daß sie im Holz wie die Querbalken eines Kreuzes steckenblieb.

Noch lebt Amerika im tellurischen Zeichen der großen Stürme und der großen Überschwemmungen. Immer wird es einen Wetterbericht aus Miami, Havanna oder von der Insel Grand Cayman geben, der uns daran erinnert, daß unsere Natur noch nicht so »lieb« und »zur Vernunft gekommen« ist, wie Goethe es – nach dem Ebenbild seines romantischen Deutschlands – für die ganze Welt wünschte.

Eine Statue hat gesprochen

Sehen Sie einmal in ein Lehrbuch der Geschichte Amerikas – übrigens gibt es ganz ausgezeichnete –: Sie entdecken eine Reihe kategorischer Behauptungen über das Alter der präkolumbischen Kulturen. Zum Beispiel erfahren Sie, daß es bis zur Ankunft der Spanier zwölf Nachfolger von Manco Capac gab; das würde beweisen, daß die Inkakultur nicht sehr alt war. Wenn Sie nach Mexiko suchen, finden Sie diese Angabe über das Toltekenreich: »... Gegründet wurde es ungefähr im vierten Jahrhundert nach Christus von einem aus dem Norden einwandernden Volk.« Nach der allgemein anerkannten Vorstellung, die man von den Azteken, Mayas und Inkas hat, nimmt man als gesichert an, daß der Ursprung ihrer Kulturen auf die Zeit zwischen dem zweiten und dem fünften Jahrhundert unserer Zeitrechnung zurückgeht, daß ihre höchste Blüteperiode ungefähr im zwölften Jahrhundert lag und daß es in der Folgezeit zu ihrem Niedergang kam. Und wenn einige Archäologen vor ein paar Jahren erklärten, das Sonnentor in Tiahuanaco gehöre möglicherweise zu den ältesten Bauwerken der Menschheit, so zuckten die traditionellen Historiker nur mit den Achseln, um anzudeuten, daß derartige Hypothesen dem Bereich der Phantasie zuzuordnen seien.

Zum Unglück für diese Historiker erlebt man in Amerika gegenwärtig eine Reihe durchaus aufsehenerregender archäologischer Entdeckungen, die die Ursprünge der amerikanischen Kulturen in eine ungeheuer weit entfernte Zeit zurückverlegen. Zuerst tauchte die mit wunderschönen Stoffen bekleidete Mumie eines Inka auf, die aus der Zeit um das Jahr tausend vor Christus stammte. Dann kamen Funde an verschiedenen Orten Mexikos, freigelegte Ruinen, im Urwald wiederentdeckte Kolossalskulpturen, Stelen und Objekte, die manche bisher als gültig anerkannte chronologische Vorstellungen spürbar veränderten.

Gerade jetzt ist es auf diesem Gebiet aber zu einem wahrhaftigen Theatercoup gekommen. Schon seit geraumer Zeit bewunderten die mexikanischen Archäologen die von ihnen ausgegrabenen, unerwartet bedeutsamen Kunstwerke der Olmeken, die einen entscheidenden Einfluß auf die Kultur von Monte Albán ausübten und auch die entfernten Vorläufer der Kunst von Teotihuacán waren – was sich aus den Untersuchungen von Stirling und Caso ergibt. Einige olmekische Statuen zeigten eine derart weitgehende Stilisierung, wie man sie nur bei Plastiken einer sehr hoch entwickelten Periode erreicht, die bereits von einer gesicherten künstlerischen und technischen Tradition ausgehen. Die Figur eines sitzenden Greises, dessen Hände gerade mühevoll versuchen, einen Strick zu zerreißen, verdiente es etwa, daß man ihr den gleichen Rang wie den Meisterwerken der griechischen Bildhauerkunst zuerkennt – wobei man selbstverständlich die notwendigen stilistischen Unterschiede beachten muß.

Nun dies: Vor kurzem schickte man eine olmekische Statue nach Chicago, wo es Labors gibt, die mit dem berühmten radioaktiven Kohlenstoff 14 arbeiten. Er ermöglicht es, das Alter bestimmter Materialien, darunter der allezeit von den Bildhauern benutzten Werkstoffe, erstaunlich genau zu ermitteln. Als die olmekische Statue dieser Prüfung unterzogen wurde – so hat es der Direktor des Mexikanischen Nationalmuseums offiziell erklärt –, offenbarte sie, daß man sie ... 1457 JAHRE VOR CHRISTUS gestaltet hatte. Mit anderen Worten: Fünfzehn Jahrhunderte vor unserer Zeitrechnung befand sich in der mexikanischen Region von Tlatilco eine große amerikanische Kultur mitten in ihrer Blütezeit! ... Das heißt: als man noch nicht von einer griechischen Kultur reden konnte.

Schließlich fragt man sich, ob Platons Atlantis wohl nicht einfach Amerika ist, von dem schon die Seefahrer aus Tartessos erfahren hätten.

Tikal

Es geschah im Monat Februar des Jahres 1696. Der Priester Andrés de Avendaño, ein Franziskanerpater, war bei einer Bekehrungsexpedition tief in den Urwald eingedrungen, als er eine Gruppe von beeindruckenden Ruinen entdeckte, die sich ungefähr zweihundert Meilen nördlich von Guatemala-Stadt befanden. Am meisten erstaunte den Missionar die ungewöhnliche Höhe einiger Pyramiden, die steil abfallende Seiten hatten und auf deren Spitzen sich Tempeln ähnelnde Bauwerke erkennen ließen. »Obwohl diese Pyramiden überaus hoch und meine Kräfte recht beschränkt waren, bestieg ich eine von ihnen, freilich unter großen Mühen«, sollte der Priester in seiner Reisechronik schreiben ... Zum erstenmal hatte ein Europäer die Ruinen Tikals betrachtet.

Mochte dieser Entdeckung auch große Bedeutung zukommen, so dachte doch niemand in den nächsten Zeiten daran, den Spuren Pater Andrés de Avendaños zu folgen. Die Menschen des siebzehnten Jahrhunderts waren wenig an archäologischer Arbeit interessiert. Und die des achtzehnten Jahrhunderts waren es noch weniger; sie trieben die Verachtung für die Überreste untergegangener Kulturen so weit, daß sie die schönsten Tempel Roms als Werkstätten und ärmliche Behausungen vermieteten. Bis 1848 sprach niemand wieder über Tikal. In diesem Jahr stieß ein Oberst der guatemaltekischen Armee zufällig auf die Ruinen. Doch auch er förderte nicht den Beginn archäologischer Arbeiten ... Es vergingen über fünfzig Jahre, und 1901 entdeckte der deutsche Forschungsreisende Teobert Maler die Stätte Tikal wieder und lieferte eine erste – allerdings noch sehr unvollständige – Beschreibung der dortigen Sehenswürdigkeiten.

Schließlich, im Jahre 1950 – das heißt mehr als zweieinhalb Jahrhunderte nach der Expedition Pater Avendaños –, begannen die Arbeiten, die Tikal inzwischen zu einer der größten touristischen Attraktionen Amerikas gemacht haben. Viele Ruinen wurden von der sie erstickenden Pflanzendecke befreit. Man hat die oben auf den Pyramiden stehenden Tempel einigermaßen leicht zugänglich gemacht, und es gibt Flugverbindungen, die es dem Reisenden ermöglichen, die Entfernung zwischen Guatemala-Stadt und Tikal in fünfzig Minuten zurückzulegen ... Jahr für Jahr machte man bedeutsamere Entdeckungen in dieser geheimnisvollen Stadt, deren Ursprung auf 1500 vor Christus zurückgeht und deren Kultur zwischen 300 und 900 unserer Zeitrechnung ihre höchste Blütezeit erreichte. Danach wurde die Stadt Tikal von ihren Bewohnern verlassen, wie es dem rätselhaften Schicksal anderer religiöser und politischer Zentren des Mayavolks entspricht.

Doch im Fall Tikals läßt sich das auf Gewalttaten zurückführen. Die Archäologen entdeckten Stelen, Skulpturen und Bauwerke, die Spuren einer absichtlichen Zerstörung aufweisen. Man nimmt an – vorläufig ist das eine reine Hypothese –, daß Tikal zu einem bestimmten Zeitpunkt einen Volksaufstand gegen die Priester- oder Adelskaste erlebte. Außerdem standen die Einwohner Tikals in Verbindung mit den Küstenorten, was man aus der großen Menge Seemuscheln schließt, die man in den Ruinen gefunden hat. Man entdeckte auch prächtige Bildwerke aus Obsidian und Jade sowie Menschenknochen, die bezeugten, daß die Priester Tikals blutige Opfer vornahmen.

Obwohl wir heute einige der eindrucksvollsten und höchsten Bauwerke besichtigen können, die uns die Mayakultur hinterlassen hat, wissen wir überhaupt nichts über die Geschichte Tikals. Ein langes Kapitel der menschlichen Geschichte in der Neuen Welt bleibt in Dunkel gehüllt. Und wieviel werden wir im Bereich einer Kultur, die mit jedem neuen archäologischen Fund als eine der reichsten und vollständigsten der Menschheit bestätigt wird, noch erfahren und entdecken? Wie viele Offenbarungen hält die wundervolle amerikanische Archäologie wohl noch für uns bereit!

Der Engel mit den Rasseln

Was die moderne Musik Lateinamerika verdankt

Im Jahre 1608 verbreitet sich eines Tages in der kubanischen Stadt Bayamo eine schreckliche Nachricht: Der inniggeliebte Bischof Fray Juan de las Cabezas Altamirano war von dem französische Piraten Gilbert Giron entführt worden. Jener Plünderer der Antillenküsten wollte nun für die Freiheit des Bischofs ein Lösegeld erpressen.

Die Bürger des Städtchens gehen nicht auf Girons Forderungen nach Geld oder Schmuck ein. Beherzt bilden sie eine Miliz und ziehen aus, um den Gefangenen zu befreien. Bei sich haben sie einen gewissen Salvador Golomón, einen Negersklaven. Der Kampf beginnt. Golomón fordert den Piraten zum Zweikampf heraus und schlägt ihm den Kopf mit einem treffsicheren Machetenhieb ab. Die Freibeuter fliehen, und jubelnd kehren die Sieger heim, werden von Festen und Lustbarkeiten empfangen.

In der Kirche von Bayamo singt man eine Motette zu Ehren des befreiten Bischofs – eine Motette, die ein in der Kunst des Kontrapunkts erfahrener Kaplan eigens für diese Gelegenheit komponiert hat –, die Bürger nehmen ihre sechssaitigen Gitarren (Vihuelas) und ihre dreisaitigen Geigen (Rabeles), ihre Hirtenflöten und kleinen Violinen, und es findet ein großartiger Tanz statt, bei dem man nicht nur europäische Instrumente spielt, sondern auch afrikanische Trommeln schlägt, mit Maracas (Rasseln) und Claves (Schlagstäben) musiziert, und man sieht gar einige indianische – und somit einheimische – Instrumente, zu denen eines gehört, das »Tipinagua« heißt ...

Silvestre de Balboa (1564? – 1634?), ein Bürger des Ortes, erlebt diese Darbietung, und eine dichterische Inspiration spornt ihn an, die epischen Strophen seines *Espejo de paciencia* (»Spiegel der Geduld«) zu schreiben, der nicht nur zu einem der ersten großen Texte der lateinamerikanischen Literatur wurde (ein Poem, dessen Held zum erstenmal *ein Schwarzer* ist, den alle Götter der griechischen Mythologie bewundern, denn so wollte es der Autor ...), der vielmehr auch zum ersten Mal ein sakrales und weltliches Konzert schildert, das alle Klangelemente vereint, die die zukünftige Musik des Kontinents prägen – eine Musik, die sich am Anfang des zwanzigsten Jahrhunderts in ihren ernsten wie auch populären und folkloristischen Ausdrucksformen durch die ihr eigene Dynamik einen Platz im Panorama der Weltmusik erobert.

Bernal Díaz del Castillo, der Hernán Cortés bei allen Unternehmungen begleitet hat und zu dessen Geschichtsschreiber werden sollte, erzählt uns, daß der Conquistador, als er die Küste Mexikos sichtet, um »Waffenglück« bittet und eine Romanze aus dem »Zyklus um Karl den Großen« zitiert. Unerwartet und gerührt hörte der Autor des vorliegenden Artikels vor wenigen Jahren in der Region Barlovento dieselbe Romanze aus dem Mund eines venezolanischen Volksdichters, der sie der mündlichen Überlieferung entnommen hatte – und der außerdem Analphabet war.

In unserer Kindheit sangen die kubanischen Mädchen, wenn sie einen Reigen tanzten, noch die eigentümliche Romanze von Delgadina, der unglücklichen Jungfrau, die »von einem maurischen Hund und einer abtrünnigen Mutter« mißhandelt wurde – das zeigt uns die mittelalterliche Herkunft eines Lieds, das vor der Rückeroberung des Königreichs Granada entstanden war und dessen Verbreitung in ganz Lateinamerika der berühmte Ramón Menéndez Pidal sehr eingehend untersucht hat.

Wir kennen die Namen der Musiker – der Vihuelaspieler und Sänger –, die Hernán Cortés bei seinem märchenhaften Abenteuer begleitet haben. Wir wissen von einem Juan de San Pedro, einem Trompeter und Hofmusiker Karls V., der in den ersten Jahren des sechzehnten Jahrhunderts nach Venezuela übersiedelte. In dem Jahrzehnt zwischen 1530 und 1540 erklang in der ersten Kathedrale von Santiago de Cuba bereits eine kleine tragbare Orgel (eine von denen, die man damals »órgano de palo«, das heißt *Holzorgel* nannte, auf italienisch: *organo di legno*).

Außerdem wissen wir – hierüber gibt es mehr als genug Berichte –, daß sich die ersten Heidenbekehrer der Neuen Welt einfallsreich bemühten, Worte des christlichen Gottesdienstes – Lobgesänge auf die Heilige Jungfrau, liturgische Texte ... – den Melodien anzupassen, die sie von den kolonisierten Indios hörten. Damit erreichten sie eine erste Symbiose von Kulturen, die einander nie zuvor begegnet waren.

Von dort bis zu dem großen sakralen und weltlichen Konzert, das der Dichter Silvestre de Balboa beschrieben hat, war es nur ein Schritt. Fortan – und das läßt sich schon im *Espejo de paciencia* feststellen – schlagen aber das Sakrale und das Profane unterschiedliche Wege ein, ebenso wie im damaligen Europa ernste Musik und populäre Musik nebeneinander bestanden.

Als man Kathedralen errichtet, die allmählich diesen Namen wirklich verdienen, findet die religiöse Musik ihren Weg nach Mexiko-Stadt, Morelia und Lima, wo sich nun eine polyphone Kunst entfaltet, die, sehr fortgeschritten in der technischen Beherrschung, uns höchst beachtliche liturgische Werke schafft. Die Kirchen verwandeln sich in wahrhaftige Konservatorien: Dort singt man die besten Kompositionen von Guerrero und Morales (in Mexiko), später von Porpora und Marcello (auf Kuba) wie auch von Pergolesi, dessen *Stabat Mater* auf dem ganzen Kontinent ein Bestseller wurde und viele von unseren Komponisten entscheidend beeinflußte.

In der sakralen Musik des achtzehnten Jahrhunderts gehen die Domkapellmeister, die offensichtlich über die damaligen Fortschritte in Europa informiert waren, von einer einfachen Polyphonie zu einem harmonischen Stil über, der sich um eine Übereinstimmung mit den zeitgenössischen ästhetischen

Neuerungen bemüht. Die Hände werden geschmeidiger. Man kennt Musikinterpretationen, die dem Künstler schon eine gewisse Virtuosität abverlangen. Phantasie und größere Aufmerksamkeit für die Melodiengestaltung kommen hinzu. Nach den strengen Normen weht der frische Wind eines neuen und von einer gewissen musikalischen Scholastik befreiten Italiens, den der Florentiner Domenico Zipoli (1688-1726) nach Argentinien bringt. Er wirkte als Organist in Córdoba, und mit seinen Partituren, die von unseren Domkapellmeistern gründlich studiert wurden, bereicherte er die Kirchenmusik mit neuen Modellen und Techniken.

Hiervon geht das außergewöhnliche Werk des Kubaners Esteban Salas (1725-1803) aus, der Kapellmeister in der Kathedrale von Santiago de Cuba war und neben den auf lateinischen Textvorlagen beruhenden Messen, Motetten, Lektionen und so weiter auch etwa hundert »Villancicos« (Weihnachtslieder) für Stimmen, zwei Violinen und Basso continuo hinterlassen hat, die die einzigartige – damals ganz beispiellose – Besonderheit auszeichnet, daß sie nach etwas naiven, doch immer munteren und anmutigen spanischen Versen komponiert wurden. (Salas' ältestes Villancico, das uns vorliegt, stammt aus dem Jahre 1783.)

Unterdessen entwickelte sich die populäre Musik: Aus der Symbiose und dem Amalgam des spanischen Romanceros, der afrikanischen Trommeln und der einheimischen Instrumente entstanden jene »verteufelten westindischen Sarabanden«, die Cervantes und weitere große Autoren der klassischen spanischen Literatur erwähnen. Auch Lope de Vega und Góngora erzählen davon. Man tanzte in den Häfen von Havanna und Cartagena de Indias; man tanzte in Portobelo, Veracruz und Panama – »es kommt aus Panama«, sagt Lope de Vega, als er ein Tanzlied beschreibt, das in seinen Schauspielen vorkommt – den *son*, das heißt etwas, was klingt *(lo que suena)* und was mit dem italienischen *sonare* (spielen) und *sonata* (Sonate) verwandt ist.

Dabei vermischten sich die schwarzen Rhythmen mit den Melodien der Romanzen und den von ihren Schöpfern hinterlassenen »indianischen Rasseln *(sonajeras)*«, so genannt von den Chronisten. Sie erklangen zusammen mit den *claves*, den *maracas*, den *bongoes* (kleinen Trommeln) und weiteren verschiedenartigen Trommeln, den üblichen Schlaginstrumenten, den Schrap- und selbstklingenden Instrumenten, die ihren vollständigsten und sublimierten Ausdruck in den bewundernswerten brasilianischen »Batucadas« finden, bei denen sich inspirierte und höchst lebhafte rhythmische Gruppen vereinen. An solchen Ausdrucksmitteln interessierte moderne Ensembles, wie etwa »Les Percussions de Strasbourg«, deren Schallplatten vielerorts vertrieben werden, haben sie mit großem Gewinn studiert.

In *Carmen* führt Bizet unverhofft eine »Habanera« ein, und das Wort »Habanera« – das selbstverständlich *Musik aus Havanna* bedeutet – hält Einzug in das musikalische Vokabular. Debussy schreibt in seiner *Soirée dans Grenade* (»Ein Abend in Granada«) ein Stück im Habanera-Rhythmus. Ravel benutzt ihn im dritten Satz seiner *Rhapsodie Espagnole*. Erik Satie komponiert zu seinem Vergnügen ebenfalls eine Habanera für seine *Suites auriculaires*.

Doch das ist noch nicht alles: Darius Milhaud hatte Claudel bei einer diplomatischen Mission nach Rio de Janeiro begleitet, und als er zurückkommt, komponiert er seine *Saudades do Brasil* (»Sehnsucht nach Brasilien«) für Klavier. Wie er in seiner Autobiographie erzählt, läßt er sich hierbei ganz von der folkloristischen brasilianischen Rhythmik inspirieren. Er hatte sie bei volkstümlichen Pianisten erlernt, die am Eingang der Kinos an der Avenida Rio Branco spielten. Als der Komponist nach Frankreich heimkehrt, schreibt er *L'Homme et son désir* (»Der Mensch und sein Verlangen«), ein Ballett mit einem Libretto Claudels, das von der Kraft und den Geheimnissen des amerikanischen Urwalds inspiriert wird. Dabei setzt er einen ungeheuren Apparat von Schlaginstrumenten ein, deren Ausdrucksmöglichkeiten ihm von seinen Hörerlebnissen in der Neuen Welt offenbart werden. In einer sinfonischen »Ouverture« wird er auch kubanische Rhythmen verwenden.

Einige Jahre später sollte Edgar Varèse, der heute ganz zu Recht als genialer Vorläufer bewundert wird, die Ausdrucksweise mancher lateinamerikanischer Instrumente in den Werken des Brasilianers Heitor Villa-Lobos, seines engen Freundes, und der Kubaner Caturla und Roldán studieren, um Stücke zu schreiben – wie etwa *Ionisation* –, die in der Welt der neuen Musiktendenzen zu Klassikern wurden.

Wenn wir zur ernsten lateinamerikanischen Musik im eigentlichen Sinne des Wortes zurückkehren, stellen wir fest, daß sie vom Aufschwung des Volkstümlichen, von der Inspiration der Interpreten, Sänger und Instrumentalisten, die in den Städten und auf dem Land ihre eigenen Ausdrucksformen erfanden, direkt oder indirekt beeinflußt wird und daß sie es als ein tiefinneres Bedürfnis empfindet, selbständige Merkmale zu erwerben, während gleichzeitig auf den Straßen und bei den Tanzveranstaltungen in den Städten neue musikalische Richtungen entstehen, die solche Namen erhalten wie: Tango, Rumba, Conga und so weiter – und die im zwanzigsten Jahrhundert ebenso wie der nordamerikanische Jazz ihren Siegeszug durch die Welt antreten sollten.

Dies wirkt sich nun in gewissem Umfang auf das Werk von Komponisten aus, die ihre Ausbildung in Konservatorien erhalten haben. Da die Oper in ihrer romantischen, von Meyerbeer und vor allem Verdi geprägten Erscheinungsform in Europa triumphierte, mußte man Opern schreiben, allerdings Opern, die eindeutig nationalbewußt waren, wenigstens durch ihren Stoff, wenn schon nicht durch ihren geistigen Gehalt. Und in Mexiko, Venezuela und Kuba komponierte man Opern mit erhabenen, andeutungsweise historischen oder auf einheimischen Sagen beruhenden Themen, ohne daß im Grunde eine einzige den Rang der Opern des Brasilianers Carlos

Gomes (1836-1896) erreichte. Seine Oper *Guarani* (ihre Ouvertüre und ihr Ballett brauchen einen Vergleich mit dem Besten, was damals auf diesem Gebiet geschaffen wurde, durchaus nicht zu scheuen) überdauert als ein echter Klassiker der romantischen Musik Lateinamerikas, und keinem ähnlich inspirierten, später auf unserem Kontinent entstandenen Werk gelingt es, ihrer dramatischen und musikalischen Wirkungskraft gleichzukommen.

Zu Beginn des zwanzigsten Jahrhunderts stellt sich unseren Komponisten ein Problem, das weitgehend dem russischer Musiker einer gar nicht weit zurückliegenden Epoche ähnelt: Da sie spät auf dem Schauplatz der Weltmusik erschienen und außer dem liturgischen oder religiösen Gesang keine Vorgeschichte in der ernsten Musik hatten, jedoch eine außerordentlich starke und echte volkstümliche Tradition besaßen, wandten sie sich dieser zu. In ihr entdeckten sie den eigenen Ton – wie Glinka und Mussorgski in Rußland oder wie Smetana in seiner tschechischen Heimat –; und so kommt es auch, daß die nach 1900 in Erscheinung tretenden lateinamerikanischen Musiker, also diejenigen, die in den zwanziger Jahren ihre schöpferische Reife erreichten, sich ihrer nationalen Folklore widmeten.

Mit der Folklore, der Nutzung der folkloristischen Schätze, der Rhythmen, der populären Melodien beschäftigen sich – als richteten sie sich nach ein und derselben Kompaßnadel – Amadeo Roldán (1900-1939) und Alejandro García Caturla (1906-1940) in Kuba, Silvestre Revueltas (1899-1940) und (der 1899 geborene) Carlos Chávez in Mexiko, Juan José Castro (1895-1968) in Argentinien, Juan Bautista Plaza (1898-1965) in Venezuela, und ich möchte diese Liste nicht mit weiteren Namen verlängern, deren gründliche Aufzählung uns veranlassen würde, einen ganzen Artikel für ein Lexikon zu schreiben. Doch man achte auf die zeitliche Übereinstimmung, denn sie erweist sich als aufschlußreich ...

Am wichtigsten ist es jedoch, auf folgendes hinzuweisen:

Wenn man den Entwicklungsweg dieser Komponisten untersucht, stellt man fest, daß sie zwar von einem nationalbewußten und folkloristischen Standpunkt ausgingen, doch alle bestrebt waren (wie dies auch für Manuel de Falla in Spanien und Bartók in Ungarn gilt), sich von dem »Dokument«, dem mit spitzem Bleistift bei volkstümlichen Vergnügen und Festen notierten Thema zu befreien, um sich eine eigene Ausdrucksweise zu erarbeiten, die vielleicht national im Ton ist, doch *von innen nach außen* entsteht, wie wir es nennen möchten.

Und hier ist nun der Augenblick gekommen, endlich von dem genialsten, außergewöhnlichsten und universalsten lateinamerikanischen Komponisten dieses Jahrhunderts zu sprechen: dem Brasilianer Heitor Villa-Lobos (1887-1959), dessen Werke, was seine sehr wenigen Gegner auch immer behaupten mögen, ständig in Konzerten, Rundfunk- und Fernsehsendungen Europas und Amerikas aufgeführt werden. Eine Bestätigung hierfür findet sich leicht, wenn man die in Zeitungen und Zeitschriften veröffentlichten Musikprogramme nachliest. Villa-Lobos hat wohl vorausgesehen, daß aus der Gitarre ein in unserer Zeit sehr häufig gespieltes Instrument würde, und *Prelúdios* (»Präludien«) sowie *Estudos* (»Etüden«) komponiert, die für die heutigen Gitarristen das sind, was für die Pianisten stets Bachs *Präludien* und die Fugen des *Wohltemperierten Klaviers* waren. Grundlegende, notwendige, unumgängliche Partituren, die nicht nur technische Probleme vorführen, sondern auch eine anspruchsvolle musikalische Botschaft vermitteln. Und so kommt es, daß die Liste der Schallplattenaufnahmen mit seiner Musik täglich umfangreicher wird.

Zusammen mit einigen kleineren Stücken – vielleicht hat dieser Komponist zuviel geschrieben – behaupten sich als bereits klassische Partituren die wahrhaft vollkommenen Meisterwerke der *Bachianas N.° 1* (für Violoncelli), *N.° 5* (für Stimme und Orchester), der wunderbare *Choros 7* (für ein kleines Kammerorchester), die *Quartetos 5* und *6* sowie Werke für alle möglichen Instrumente und Orchesterzusammensetzungen, die nicht im Halbdunkel der Archive und musikwissenschaftlichen Enzyklopädien verschwinden, sondern nach dem Tod ihres Autors weiter ein eigenständiges Leben führen und im Bereich der Musik die Präsenz Lateinamerikas wirkungsvoll bekunden.

1928 hatten wir die Möglichkeit, Heitor Villa-Lobos zu interviewen. Wir fragten ihn, was er über die musikalische Folklore denke. »Die Folklore bin ich«, antwortete der Musiker und vermittelte uns so eine ganze lateinamerikanische Kompositionslehre. Seitdem werden unsere Instrumente und Rhythmen in die modernen Orchester aufgenommen. Man muß sie dem Arsenal der Schlaginstrumente hinzurechnen, die von Berlioz und Rimski-Korsakow in ihren Instrumentationsabhandlungen vorgesehen waren. Sie sind Messiaen oder Boulez, den bedeutendsten Vertretern der zeitgenössischen Musik, wohlvertraut, und auch Milhaud und Edgar Varèse kannten sie zu ihrer Zeit genau. Sie gehören zur Grammatik, Syntax und Phonetik jedes modernen Komponisten.

Sobald ich mich an Villa-Lobos' Satz »Die Folklore bin ich« erinnere, denke ich auch an einen mit Figuren verzierten Portikus am Eingang eines Gotteshauses in der argentinischen Provinz Misiones: Dort erscheint inmitten eines traditionellen *Himmelskonzerts* mit Lauten, Harfen und Theorben ein Engel, der Maracas schüttelt. Ein *Engel mit Rasseln* ... Man meint, auf diesem Bildwerk – mit dem ewigen Engel und unserer einheimischen Maraca – sinnbildlich und konkret die ganze Geschichte der lateinamerikanischen Musik von der Conquista bis zu den Experimenten vereint zu finden, die jetzt die jungen Komponisten dieser Neuen Welt in noch unsicheren, jedoch für neue Möglichkeiten offenen Bereichen durchführen. Und diese Neue Welt erweist sich schließlich durch ihre Traditionen, ihr Erbe, durch das, was sie empfangen, sich angeeignet und anverwandelt hat, als ebenso alt und hoch entwickelt wie die übrigen Welten der ganzen Welt.

Wie der Neger zum Kreolen wurde

Die Spur Afrikas auf einem ganzen Kontinent

Als »Geschenk« für den Infanten Heinrich den Seefahrer bringt Antão Gonçalves im Jahre 1441 zehn Eingeborene aus Nordguinea nach Portugal. Der Kaufmann und Entdekkungsreisende hatte sie lediglich als exotische Kuriosität mitgenommen, wie er das auch mit Papageien oder seltenen Tropenpflanzen hätte tun können. Doch sehr schnell – viel zu schnell! – begriffen die Europäer, daß sich diese »tropischen Raritäten« in gewaltigem Umfang als Arbeitskräfte einsetzen ließen, und bereits drei Jahre später wurden zweihundertfünfunddreißig Afrikaner – Männer, Frauen und Kinder – gewaltsam nach Portugal verschleppt, »um das Heil ihrer bisher unabänderlich verlorenen Seelen zu retten«, wie uns ein barmherziger Chronist erläutert.

So geschah es, daß man in die Paläste und auf die Güter reicher Feudalherren sehr bald immer mehr Negersklaven verschleppte, die Haus- und Feldarbeiten verrichten mußten. Damit hatte man schon mit dem abscheulichen Geschäft des Sklavenhandels begonnen, das nach der Entdeckung Amerikas erschreckende Ausmaße annehmen sollte. Sozusagen *offiziell* wurde dieses Geschäft mit der Lizenz Karls V. im Jahre 1518, viertausend afrikanische Sklaven nach Hispaniola (Santo Domingo), Kuba, Jamaika und Puerto Rico zu bringen.

Doch dem Vorbild Portugals folgend hatte sich bereits vor diesem Zeitpunkt die Praxis, Negersklaven zu verwenden, in Spanien allgemein verbreitet (von ihnen erzählt Cervantes hundert Jahre später in seinen *Beispielhaften Novellen*). Deshalb kamen viele Schwarze auch vor den Jahren, in denen der Sklavenhandel als höchst einträgliches Geschäft begründet wurde, in die Neue Welt – auf die Antillen, deren Kolonisierung inzwischen gesichert war.

Von unschätzbarem Wert für das Studium der Bevölkerungsentwicklung ist die Dokumentensammlung des vom Kolonialen Handelsgericht *(Casa de la Contratación)* in Sevilla angelegten *Katalogs der Westindienreisenden*, auf dessen Seiten die Namen der Antragsteller verzeichnet sind, die als erste »in die neu entdeckten Länder auf der anderen Seite des Weltmeeres« übersiedeln wollten. Dort kann man die folgenden Eintragungen finden: »*5. Februar 1510, Francisco*, von schwarzer Hautfarbe.« (Dem Datum zufolge ist er der erste seiner Rasse, und er wird mit der Registernummer 38 aufgeführt.) »*27. Februar 1512. Rodrigo de Ovando*, freigelassener Neger.« »*April 1512. Pedro und Jorge*, Sklaven« (sie fahren mit ihren Herren). »*August 1512. Cristina*, von schwarzer Hautfarbe, *und ihre Tochter Inés*« und so weiter und so weiter. Es folgen noch viele andere – Sklaven, Freigelassene, »Loros« (Neger von besonders dunkler Hautfarbe), solche »von der Farbe einer gedörrten Birne«, das heißt Mulatten, ohne daß wir einen *Juan Gallego, einen aus Pontevedra gebürtigen Neger*, vergessen dürfen, weil er ein so origineller Fall ist. Er fährt am 10. November 1517 ab; man teilt uns nicht mit, ob er ein Freigelassener ist oder nicht ...

Nun, mit der dauerhaften Einführung des sowohl spanischen als auch portugiesischen Sklavenhandels, nimmt die Zahl der nach Amerika gebrachten Schwarzen in geometrischer Reihe zu. Sie werden zu einem grundlegenden ethnischen Element jener Bevölkerung, die entstanden war, als sich Europäer mit indianischen Frauen verbanden; durch den afrikanischen Beitrag wurde diese Gesellschaft noch vielgestaltiger und sollte die Klasse der Kreolen *(criollos)* hervorbringen. Ihr kommt entscheidende Bedeutung bei allem zu, was die Erforschung und Interpretation, das Verständnis und die Gesamtsicht der Geschichte Amerikas betrifft.

Das Wort »criollo« erscheint zum erstenmal in einem von Juan López de Velazco verfaßten geographischen Text, der zwischen 1571 und 1574 in Mexiko-Stadt veröffentlicht wurde: »Die Spanier, welche in jene Weltgegenden« [das heißt: nach Amerika] »kommen und lange Zeit dortbleiben, können es des anderen Himmelsstrichs und der anderen Luft wegen nicht vermeiden, daß sich ihre Hautfarbe und persönliche Eigenart einigermaßen verändern; wer aber dort geboren wird, heißt *Kreole*, und wenn diese *criollos* auch bei allem für Spanier gehalten und als solche angesehen werden, unterscheiden sie sich bereits in Hautfarbe und Größe, wie man wohl weiß.« Silvestre de Balboa bezeichnet in seinem 1608 auf Kuba geschriebenen Poem einen Negersklaven als *Kreolen*. Und 1617 erklärt der Inka Garcilaso de la Vega: »Die Kinder eines Spaniers und einer Spanierin werden dortzulande *criollo* oder *criolla*, Kreole oder Kreolin, genannt, um solcherart anzuzeigen, daß sie in den Indien geboren sind. Dieser Name ward von den Negern erfunden [...]. Er bezeichnet bei ihnen einen in den Indien geborenen Neger.«[20]

Die spanische Krone ahnte die Gefahr, die das neue Wort mit sich brachte, und sie versuchte eine Zeitlang, seinen Gebrauch in allen Dokumenten, Denkschriften und Gesetzestexten zu verbieten. Trotzdem benutzte man das Wort weiter als Bezeichnung für eine in Amerika entstandene Menschenrasse, die allmählich – je nach Region und dem Verhältnis der Komponenten, die bei ihrer Herausbildung mitgewirkt hatten – eigene Wesenszüge annahm. Auf den Antillen und an den Küsten Mexikos, Kolumbiens, Venezuelas und Brasiliens – vereinzelt sogar bis ins Mississippibecken – wurde diese Rasse stark vom afrikanischen Einfluß geprägt, und es ergibt sich, daß die schwarze Bevölkerung auf manchen Karibikinseln zahlreicher als die aus Europa stammende ist.

Um das Jahr 1920 erlebt Paris etwas, das Cocteau beunruhigt und ohne Zögern als »Negerkrise« bezeichnen sollte. Picasso hat bereits 1907 *Les Demoiselles d'Avignon* gemalt,

20 Garcilaso de la Vega, »Wahrhaftige Kommentare zum Reich der Inka«, deutsch von Wilhelm Plackmeyer, Berlin, Rütten & Loening, 1983; S. 365 (Anm.d.Ü.).

ein Bild, das einen deutlichen Einfluß bestimmter afrikanischer Kunstwerke zeigt: Sie hatten seinen Enthusiasmus entfacht und auch Matisse, Derain und andere begeistert, die wie der Lyriker Apollinaire mit der Sammlung solcher Werke begannen, die sie nunmehr »Negerkunst« nannten. Die Gemäldegalerien bieten eine Fülle von Skulpturen, Schnitzereien, Masken und Objekten, die von jenem Kontinent stammen, dessen Geschichte und schöpferische Konflikte bis dahin so wenig bekannt waren. Alles unter dem Begriff »Negerkunst« zusammenzufassen, erwies sich als ebenso absurd, wie das als »weiße Kunst« zu bezeichnen, was man in einem wahnwitzigen Museum zusammenholen könnte, wo griechische Venusstatuen mit katalanischen Heiligen Jungfrauen aus dem dreizehnten Jahrhundert, Marmorskulpturen aus der Renaissance, mittelalterlichen Wasserspeiern und Mobiles von Calder wirr durcheinander stünden.

Nach der Plastik wird außerdem eine vollständige mündliche Tradition – eine gesprochene, rezitierte, psalmodierte Literatur – bekannt, bei der das Magische und das Religiöse mit mehr oder weniger epischen Schilderungen, kosmogonischen Sagen, Tierfabeln, Gleichnissen, Sprichwörtern und einfachen, für die Unterhaltung oder Belehrung der Zuhörer bestimmten Erzählungen abwechseln – *ein vollständiges literarisches Korpus*, das Forscher und Missionare hier und da zusammengetragen haben und das man nun in Büchern als »Negerliteratur« abdruckt (man redet von »Negern« und nimmt wie immer keine Unterscheidungen nach der Volkszugehörigkeit oder dem kulturellen Entwicklungsgrad vor). Der größte Erfolg auf diesem Gebiet ist die bald berühmt gewordene *Anthologie nègre* von Blaise Cendrars, die in zwanzig Sprachen übersetzt wurde und die man noch immer in einigen Buchhandlungen der Welt vergeblich sucht.

Da es schon eine »Negerkunst« und eine »Negerliteratur« gibt, wird man nun aber nach einer »Negermusik« suchen. Und diese läßt nicht auf sich warten. Nach dem Ende des Ersten Weltkriegs setzt sich der Jazz unaufhaltsam in Europa durch. Strawinsky begeistert sich ebenso für diese Neuigkeit wie Picasso zuvor für die Masken aus Dahomey, und er komponiert eine *Piano Rag Music* und einen *Ragtime für elf Instrumente*. Ein für den Zeitgeist entscheidendes Werk ist das Ballett *La création du monde* (»Die Erschaffung der Welt«) von Darius Milhaud (1923), dessen Musik von den Rhythmen und Strukturen des Jazz inspiriert wird. Cendrars hat die Handlungsvorlage geschrieben, die auf einer alten afrikanischen Weltentstehungssage beruht. Da man die Dekorationen und Kostüme dem Charakter des Werks anpassen muß, bemüht sich Fernand Léger, die Formen, die er an manchen afrikanischen Plastiken entdeckt, in seine eigene Welt einzubringen.

Dabei kam es jedoch zu einem schweren Mißverständnis, das zahlreiche zukünftige Fehlurteile erklärt. Denn die europäischen Jazz-Anhänger bemerkten anscheinend nicht, daß die ersten zwei großen Erfolge dieser Musik in Europa *Alexander's Ragtime Band* und *Saint Louis Blues* hießen und daß dieser letzte Titel das Werk Christopher Handys, eines schwarzen Musikers aus New Orleans, ist, während der erste Titel dem heiteren Einfallsreichtum eines Komponisten, der nichts von einem Schwarzen hatte, zu verdanken war: Irving Berlin. Der Jazz, der Folge einer langen Entwicklung war, *hatte nämlich nur noch sehr wenig mit Afrika zu tun*. Er war ein kreolisches, echt kreolisches Produkt, dessen Ursprünge auf einen schon weit entfernten Verschmelzungsprozeß zurückgingen – eine Verschmelzung, die man in ihrer Art zum erstenmal in Amerika erlebte.

Wie Deborah Morgan (*Musique en Jeu*, Februar 1977) zutreffend sagt: »Die Geschichte des Jazz beginnt im Jahre 1619, als eine holländische Fregatte in Jamestown (Virginia) die ersten Schwarzen auslädt, die als Arbeitskräfte in Nordamerika dienen sollten.« Der Jazz ist tatsächlich kein um 1900 entstandenes Musikgenre, wie es eine hartnäckige Legende behauptet, sondern das Ergebnis der drei Jahrhunderte andauernden Konfrontation zweier Gemeinschaften: einer aus Afrika und einer zweiten aus Europa.

Interessant ist die Beobachtung, daß die populäre Musik Kubas ihre eigenen Wesenszüge in derselben Zeit (am Anfang des siebzehnten Jahrhunderts) ausformt, obwohl ihre Merkmale natürlich ganz andere sind. Die kubanische Musik gleicht dem Jazz zwar recht wenig, doch sie beginnt um 1930 auch ihren weltweiten Siegeszug, während sich die brasilianische Musik am Vorabend des Zweiten Weltkriegs allmählich im Ausland durchsetzt. Es läßt sich feststellen, daß die kubanische und die brasilianische Musik, die wir heute überall hören, sich genauso eindeutig von den uns bekannten afrikanischen Musikstilen unterscheidet wie der Jazz, obwohl der Schwarze in beiden Ländern entscheidend zur Herausbildung und Entwicklung der nationalen Musik beigetragen hat.

Der *Cha-Cha-Cha* oder der *Mambo* Kubas, die dominikanische *Plena*, die *Biguine* aus Martinique oder die *Steelband* aus Barbados und Trinidad, die *Samba* oder der *Bossa Nova* Brasiliens wie auch der *Boogie-Woogie* und in noch größerem Maße der *Free Jazz* Nordamerikas haben nichts mehr mit den musikalischen folkloristischen Materialien zu tun, die uns in wissenschaftlichen Tonaufnahmen oder in gewissenhaften ethnographischen Sammlungen aus Afrika zugänglich werden.

Denn der aus Afrika verschleppte Schwarze ist zu *etwas anderem* geworden. Frantz Fanon, ein guter Kenner auf diesem Gebiet, betont ganz zu Recht: »Es gibt einen ebenso großen Unterschied zwischen einem Haitianer und einem Dakarer wie zwischen einem Brasilianer und einem Madrider.«

Doch nun müssen wir uns mit einem Phänomen auseinandersetzen, das die schöpferischen Tätigkeiten des nach (Nord- oder Süd-)Amerika verpflanzten Afrikaners betrifft: *Anscheinend hat er jedes Talent für bildende Kunst verloren*, als er seinem Heimatboden entrissen wurde. Das heißt: Als Bildhauer, Schnitzer und Maler verliert er das, was er nun als Musiker hinzugewinnen sollte. In ihm vollzieht sich gleichsam eine Energieübertragung. Obwohl wir heute die eine oder andere Statuette oder auch Zeichnung bewundern können, die er in Kuba (die *Firmas* – die Namenszeichen oder graphischen Symbole der *Abakuá*-Gruppen), Haïti (die vor den Altären des *Wodu*-Ritus gezeichneten *Vevés*), Brasilien (die schmiedeeisernen Figürchen der *Candomblés*) geschaffen hat, erinnert nichts von alldem an die Kraft, Originalität und technische Meisterschaft einer vollkommen entwickelten Kunst, die er hinter sich gelassen und gleichsam aus seiner Erinnerung verbannt hat. Hingegen können sich die größten europäischen und amerikanischen Komponisten dieses Jahrhunderts in ihren anspruchsvollen Werken von dem inspirieren lassen, was der Schwarze mit erstaunlicher Erfindungsgabe in den weiten Landstrichen der sogenannten Neuen Welt gestaltet.

Der offensichtliche Verlust seines Talents für die bildende Kunst erklärt sich aus der Tatsache, daß die Ausübung der Bildhauerei, der Holzschnitzerei oder der ornamentalen Malerei Zeit in Anspruch genommen hätte, und das für Werke, die den Sklavenhalter kaum interessieren konnten. Diesen Menschen, die mit ihrer Arbeit seinen Reichtum mehren sollten, hätte ihr Herr wohl keine Ateliers und Werkzeuge zur Verfügung gestellt, damit sie sich dem Vergnügen widmeten, Figuren zu gestalten. Man sah derartige Figuren ja als barbarische Götzenbilder an, die uralte Glaubensvorstellungen lebendig erhielten. Die Erinnerungen an sie mußte man aus dem Gedächtnis jener reißen, die der Peitsche der Aufseher unterworfen waren – und das noch mehr in jener Epoche, als der »zivilisierte Mensch« des Abendlandes nicht die geringste Achtung vor dem hatte, was er später als Folklore bezeichnen und hochschätzen sollte.

Nein. Man hielt die plastischen Schöpfungsversuche des Schwarzen für Teufelswerk. Die Musik störte hingegen nicht übermäßig, und zum Beispiel die Zuckerrohrmühlenbesitzer auf Kuba erlaubten ihren Sklaven, manchmal ihre Trommeln zu schlagen und zu tanzen, weil sie damit bewiesen, daß sie kerngesund waren und daß ihr »schwarzes Elfenbein« [*sic*] gute Leistungen erbringen konnte.

Unterdessen hörte der Sklave die Musik, die in seiner Umgebung erklang. Während des sechzehnten Jahrhunderts, des ersten der Zwangsumsiedlungen nach Amerika, übernahm er die spanische Romanze, die aus Portugal gekommenen Lieder und sogar die französische Contredanse. Er lernte neue Musikinstrumente kennen, von denen man in seiner Heimat nichts wußte, und es wurde ihm zur Gewohnheit, sie zu spielen. Wenn es ihm gelang, von einem Herrn, der menschlicher als andere war, freigelassen zu werden – man sah dem allgemeinen Ende der Sklaverei entgegen, die auf amerikanischem Boden schrittweise abgeschafft wurde –, übte er oft den Beruf eines Musikers aus und tat sich mit dem Weißen zusammen, den das gleiche Gewerbe gewissermaßen mit ihm brüderlich vereinte. So etwa sollte der Kubaner José Antonio Saco im Jahre 1831 feststellen: »Die Musik genießt das Vorrecht, Schwarze und Weiße zusammenzubringen, denn wir sehen, daß sich Weiße, Mulatten und Schwarze in den Kapellen wild vermischen.«

Der lateinamerikanische Neger hatte sich schon weit von allen afrikanischen Wurzeln entfernt und stellte, wie bereits gesagt, ein grundlegendes und hauptsächliches Element – ebenso wie der Indio – im Wesen jenes *Kreolen* dar, der die geschichtliche Entwicklung eines ganzen Kontinents, dessen Bestrebungen, Kämpfe und Rebellionen prägen sollte. Als sich der Schwarze nach und nach in die Gesellschaft seiner neuen Vaterländer eingliederte – was infolge der Sklaverei und vielerorts wegen seiner beklagenswerten Lage eines Diskriminierten mit beträchtlicher Verspätung geschah –, gewann er allmählich seinen Sinn für Poesie und plastische Bildwerke zurück, den er scheinbar seit mehreren Jahrhunderten verloren hatte.

Aber für ihn ging es nun nicht mehr darum, gewisse uralte Traditionen von der anderen Seite des Atlantiks weiterzupflegen, die nicht den Realitäten der neuen Umwelt entsprachen.[21] Er gebrauchte nicht mehr die Idiome Afrikas, sondern die großen Weltsprachen, die sich ihm nun für seine sprachlichen Äußerungen anboten und die von einem vielfältigen klassischen Erbe ausgingen. Er verspürte nicht das Bedürfnis, traditionelle Yoruba-Erzählungen wiederzubeleben, uralte Sagen zu vergegenwärtigen und zu den Quellen einer mündlichen Literatur zurückzukehren, vielmehr wollte er im eigentlichen Sinn des Wortes »dichten«.

Gleiche Erfahrungen machte der Maler. Er hatte nur noch wenig mit einer bildenden Kunst zu tun, die in ihrem Ursprungsmilieu als eine Ergänzung für ihn längst bedeutungsloser religiöser Kulte aufgefaßt wurde – obwohl sie in synkretistischer Form zuweilen auf Altären wiedererschienen, die vorgeblich christlichen Heiligen geweiht waren. Für ihn waren die Gestaltungsprobleme dieselben, die sich einem Künstler zu einem bestimmten Zeitpunkt überall stellen konnten. Hieraus erklärt sich, warum im ganzen neunzehnten Jahrhundert schwarze oder mulattische Maler und Bildhauer in Lateinamerika hervortraten, die mit den Werken ihrer Pinsel oder Meißel nicht im geringsten an die Formen und Stilisierungen der afrikanischen Kunst erinnern.

In derselben Zeit geschah das gleiche mit der Dichtung. Wir

21 Dem könnte man entgegenhalten, die Abakuá-Gruppen und die Santería in Kuba, der Obeah-Ritus in Jamaika und der Wodu auf Haïti seien authentische afrikanische Survivals. Doch es läßt sich feststellen, daß derartige Survivals nicht nur einem starken Synkretismus unterliegen und neue Elemente aus kleinen lokalen Kulten aufnehmen, sondern daß sie innerhalb weniger Jahre dem Untergang geweiht sein werden – oder sich weitgehend an die *kreolische* Umwelt anpassen müssen, wie dies mit dem Wodu-Pantheon geschieht, das um neue Götter, so etwa Criminel Pétro, Erzulie oder Marinette Bois-Cherché, erweitert wird. Auf anderen Antilleninseln wurde die afrikanische Folklore zu einer touristischen Attraktion, bei der man »magische Zeremonien« und »Ritualtänze« gegen Dollars vorführt. Wir wissen ja: Wenn man Folklore für Geld kaufen kann, ist sie bereits nicht mehr authentisch. Ganz zu schweigen von einem Land wie Kuba, wo die traditionellen Gruppen der Ñáñigos (einer Art von geheimen Selbstschutzverbänden) in einem sozialistischen System jede Existenzberechtigung verloren haben.

müssen hinzufügen, daß »weiße« (wie relativ ein solcher Begriff in Lateinamerika auch immer sein mag) Schriftsteller in der gleichen Epoche zahlreiche Romane veröffentlichten, die im »schwarzen« Milieu des amerikanischen Kontinents spielten oder die widerwärtigen Praktiken der Sklaverei anprangerten.

Dennoch sollte unsere Zeit erleben, daß seit fünfzig Jahren Lyriker und Maler in Erscheinung getreten sind, deren Werke neue Merkmale aufweisen. Sie sind der Geschichte der sogenannten Neuen Welt zu verdanken, die die Symbiose mehrerer Kulturen bewirkt hat. Deshalb hat man in den letzten Jahrzehnten viel von »Negerdichtung« gesprochen und damit eine klangvolle, rhythmische, lautmalerische Dichtung bezeichnet, die, um die Begriffe noch weiter durcheinanderzubringen, oft von vollkommen »weißen« Lyrikern wie dem Kubaner Emilio Ballagas oder dem Venezolaner Manuel Felipe Rugeles geschaffen wurde.

Dies kam einer exotischen Auffassung der *Négritude* gleich. Denn es war ja tatsächlich so: Wenn es eine eigentliche »Negerdichtung« geben sollte, wäre jene am glaubwürdigsten gewesen, die einen von jahrhundertelanger Sklaverei oder rassischer Diskriminierung unterdrückten Schwarzen zu Wort kommen ließe – eine vor allem revolutionäre Stimme, wenn wir bedenken, daß der Schwarze seit dem sechzehnten Jahrhundert stets an irgendeiner Stelle des Kontinents gegen seinen Herrn *aufbegehrte* und in Brasilien, Guayana und Jamaika sogar unabhängige kleine Staaten bildete, die sich viele Jahre behaupteten. Der Schwarze fand sich in Lateinamerika niemals mit seinem Sklavendasein ab. Er hat unzählige Male rebelliert und ist in den Wald geflüchtet. Das reicht vom Aufstand des Negers Miguel im Venezuela des sechzehnten Jahrhunderts bis zu den Unabhängigkeitskriegen Haïtis – mit der bewundernswerten Persönlichkeit Toussaint Louvertures –, die den großen Unabhängigkeitskriegen des Kontinents vorausgingen.

In seiner langen amerikanischen Geschichte hat der Schwarze nie den Freiheitsgedanken aufgegeben. Dieser Gedanke wurde von den *Kreolen* aller Klassen und Schichten unterstützt, die nach zahlreichen Kämpfen das Joch des spanischen, portugiesischen, französischen oder englischen Kolonialismus abschüttelten. Montesquieu legt 1721 einem antillanischen Neger einen typisch *kreolischen* Gedanken in den Mund: »Warum soll ich für eine Gesellschaft arbeiten, der ich nicht angehören will? Warum soll ich gegen meinen eigenen Willen eine Einrichtung verteidigen, die entstanden ist, ohne sich um mich zu kümmern?«[22]

Da ein Dichter wie Nicolás Guillén *Kreole* war und sich die besten klassischen Traditionen zu eigen gemacht hatte, konnte er eine Lyrik schreiben, deren Versmaß von den Rhythmen des kubanischen *Son* (eines schon ohnehin in außerordentlichem Maße dem Kreolischen anverwandelten Musikgenres) ausging und offenbarte, daß sie nicht mehr in der Erde Afrikas, sondern in einem hochkultivierten Boden verwurzelt war, den Jahrhunderte zuvor Lope de Vega und Góngora wie auch die Mexikanerin Sor Juana Inés de la Cruz bearbeitet hatten, als diese Autoren damit begannen, »Negergedichte« zu schreiben, wie sie so etwas nannten. Wenn sich eine Lyrik zu Recht als *kreolisch* bezeichnen läßt, so ist es die dieses Dichters, der sich außerdem nicht dem Diktat eines bestimmten Stils unterwarf, sondern sich in seinen der Form nach klassischen Gedichten als ebenso kubanisch erweist wie in den stampfenden ersten Versen von *Motivos de Son* (»Son-Motive«) oder von *Sóngoro Cosongo*.

Vergleichbar dazu könnten wir in der Malerei ein Monumentalbild wie Wifredo Lams *La jungla* (»Der Dschungel«)

22 Die wörtlich Übersetzung dieser Textstelle bei Montesquieu: »Warum soll ich [...] mich noch länger für Leute, die mich nichts angehen, zu Tode arbeiten? Ich werde nur noch an mich selbst denken und dabei glücklich sein. [...]« (Zit. nach: Montesquieu, »Persische Briefe«, aus dem Französischen übertragen von Eduard Bertz, neu bearbeitet von Kurt Schnelle, Leipzig, Philipp Reclam jun., 1960; S. 45) (Anm.d.Ü.).

nennen, eine Synthese aus Pflanzen und Formen, die dem nahezu magischen Raum der Karibik angehören – die Werke eines mischrassigen Malers mit einer echt *kreolischen* Sensibilität, dessen Arbeiten einen herausragenden Platz im Panorama der modernen Kunst einnehmen ... Gleichzeitig wirkt jetzt in Venezuela, auf kleinen Antilleninseln und in Haïti eine bedeutende Malerschule, eine von den sogenannten »spontanen« oder »primitiven«, die seit den vierziger Jahren wunderbare Leistungen vollbringt. Diese lokale Malerei ist ein weiterer Beitrag zur gesamtlateinamerikanischen Malerei, ohne daß in ihr Hinweise auf eine urväterliche afrikanische Tradition erscheinen, abgesehen von einer gemeinsamen Vorliebe für lebhafte und fröhliche Farben, was eher ein Ausdruck des Temperaments als eines besonderen Charakters ist.

So werden gegenwärtig in der Welt der spanischsprachigen wie auch der englisch- und französischsprachigen Antillen eine Literatur und eine Malerei mit unverkennbar *kreolischen* Merkmalen geschaffen, und es ist nicht vonnöten, den jeweiligen Anteil der sich darin vermischenden rassischen Bestandteile zu messen.

Deshalb besteht der Beitrag des Schwarzen zu der Welt, in die er ganz gegen seinen Willen verschleppt wurde, nicht in dem, was man irrtümlich als »Négritude« bezeichnet hat (warum könnte man in einem solchen Fall nicht ebenfalls von einer »Blanchitude« sprechen?), sondern in etwas weitaus Bedeutsamerem: in einer Sensibilität, die auch die Gefühlswelt derjenigen Menschen bereichert hat, mit denen er gezwungenermaßen zusammenleben mußte. Diese Sensibilität verlieh ihm neue Kräfte, um sowohl im künstlerischen wie auch im geschichtlichen Bereich einen größeren Wirkungskreis zu schaffen, denn der aus der Vermischung von Indios und Europäern hervorgegangene Kreole erreichte in Amerika erst das Erwachsenenalter, als er die Sensibilität des Schwarzen annahm.

Aus der Verschmelzung dieser drei Rassen – in einigen Regionen mit einem höheren indianischen Anteil, während andere Gebiete für immer vom Schwarzen geprägt sind – ging der Mensch hervor, der mit seinen musikalischen, plastischen, lyrischen und Romanwerken einen erstrangigen Platz im kulturellen Weltpanorama errungen hat.

III

Die Karibik

Die Kultur der Völker, die in den Ländern der Karibik leben

Diese Landkarte – überflüssig, das zu sagen – zeigt uns den gesamten geographischen Raum der Karibik, sowohl die Inseln als auch die dazugehörigen Teile des Festlands. Gewiß wäre jeder durchschnittlich gebildete Kubaner in der Lage, uns zu erläutern und mit dem Finger zu zeigen: »Also, da liegen die Bahamas, hier sind Jamaika, die Dominikanische Republik, Haïti, Puerto Rico, Trinidad, Curaçao, Aruba, Barbados, Saint Lucia, Saint Kitts, Bonaire und so weiter.«

Da wir in der Karibik leben, da wir zur Welt der Karibik gehören, haben wir *a priori* den Eindruck, daß wir die Karibik sehr gut kennen, und obwohl es sonderbar, ja paradox erscheinen mag: Es ist gut möglich und sehr wahrscheinlich, daß heute die Europäer, die durch die Vermittlung der Reisebüros die Karibikinseln in einem riesigen Touristenstrom überfluten, bestimmte Karibikinseln besser als wir selbst kennen, ebenso wie viele Bewohner der Karibikinseln bestimmte Länder Europas besser als die ihrem Geburtsort am nächsten liegenden Inseln kennen.

Unsere Antilleninseln befinden sich in einer geographischen Region mit einheitlichen Klimabedingungen, die Vegetation ähnelt sich weitgehend, deshalb liegt für uns die Annahme sehr nahe, daß die Antilleninseln sich untereinander stärker gleichen, als es in Wahrheit der Fall ist. Denn ich, der das unermeßliche Glück hatte, einen großen Teil, wenn nicht gar alle Inseln der Karibik zu besuchen, kann Ihnen sagen, daß die Vielfalt, die Einzigartigkeit, die Originalität der Welt der Karibik etwas ganz Wunderbares, etwas ist, was die Touristen aus aller Welt gerade jetzt entdecken.

Die Vegetation der einen Insel ähnelt der anderen, aber sie ist nicht dieselbe. Die einen Fleckchen Erde unterscheiden sich stark von den anderen, obwohl sie von den Wellen desselben

Meeres umspült werden. Außerdem gibt es Orte, die die eigentümlichsten, außerordentlichsten Besonderheiten haben. Betrachten wir zum Beispiel den Norden: Gegenwärtig wird eine ganze Literatur darüber veröffentlicht, was man das »Bermuda-Dreieck«, die »Bermuda-Zyklone«, die »Bermuda-Stürme« nennt, und hiervon hat, wie man anmerken muß, Shakespeare schon vor mehreren Jahrhunderten in einem seiner schönsten Werke, der Komödie *Der Sturm*, gesprochen, die der Welt die unsterblichen Gestalten Prospero und Caliban schenkte.

Betrachten wir die Inseln Martinique und Guadeloupe. Auf Martinique und Guadeloupe ist die historische Gestalt der Joséphine de Beauharnais, der Gattin Napoleons, stets gegenwärtig. Und das hat sogar zu einem äußerst pittoresken und amüsanten historischen Streit geführt: Viele Jahre lang haben die Historiker von Martinique und Guadeloupe diskutiert, ob die Kaiserin Joséphine, die zukünftige Kaiserin Joséphine, auf der einen oder der anderen Insel geboren wurde. Nach vielen Untersuchungen und der Überprüfung zahlreicher Dokumente kam man zu dem Schluß, daß die zukünftige Kaiserin Joséphine auf Martinique geboren wurde. Aber deshalb gaben sich Guadeloupes Historiker nicht geschlagen, denn sie sagten: »Die Kaiserin Joséphine gehört uns aus einem sehr einfachen Grund ebenso: Sie wurde zwar auf Martinique geboren, aber auf Guadeloupe wurde sie empfangen.«

Nehmen wir die Insel Trinidad mit ihrer originellen Musik und der indischen Bevölkerung, die dort zu finden ist. Nehmen wir die kleine, nahe bei Curaçao gelegene Insel Aruba, eine ganz einzigartige Insel, eine Insel, die fast keine Vegetation hat, eine Insel, wo die über Jahrhunderte und aber Jahrhunderte von heftigen Winden zernagten vulkanischen Lavaströme die Gestalt von wirklichen Bäumen angenommen haben. Auf der Insel Aruba gibt es kaum pflanzliche Bäume, doch es gibt Bäume aus Stein von außerordentlicher Schönheit, mit Stämmen, mit zerzaustem Blattwerk.

Nehmen wir die Insel Barbados. Auf Barbados finden wir eine vollkommen originelle Zivilisation, eine außergewöhnliche Kultur. Barbados hat bedeutende Prosaschriftsteller hervorgebracht, und ich erinnere mich, auf Barbados eine Zeitung gelesen zu haben, in der ich einen der besten Essays über die englische Revolution Oliver Cromwells entdeckte. Es gibt dort hervorragend redigierte Zeitungen, und man führt ein ganz eigenständiges Leben, das sogar in der Auswahl der großen klassischen Musik, die täglich von den Rundfunkstationen im Dienste der Allgemeinbildung übertragen wird, seinen Ausdruck findet. Ich glaube, es ist die Insel, wo man am meisten die Musik Händels und besonders Händels *Messias* hört, dessen berühmter *Halleluja*-Chor einem der Lokalsender als Erkennungsmotiv dient.

Von Kuba wissen wir ja schon, daß es die zuerst entdeckte Insel war, und durch sie hat die Landschaft Amerikas in die Weltliteratur Eingang gefunden.

In der Dominikanischen Republik begann die eigentliche Kolonisierung Amerikas. Doch das ist nicht alles. Wir haben viele Gemeinsamkeiten. Uns sind die Festungen bekannt, die im karibischen Raum von den Kriegsbaumeistern Philipps II., den Antonellis, errichtet wurden. Wir wissen, daß mehrere kubanische Festungen das Werk der Antonellis sind. Wir wissen, daß es in Kolumbien, in Cartagena de Indias, Festungswerke der Antonellis gibt, doch uns ist die wunderbare Festung unbekannt, die die Antonellis in den Salzflächen von Araya bauten, eine zyklopische, zinnenbesetzte, gewaltige schwarze Burg, die sich wie eine phantastische Erscheinung über einer so vollkommen weißen Erde – denn sie besteht fast ausschließlich aus Salz und weißem Sand – erhebt, daß sie ein unglaubliches Etwas zu sein scheint, eine Vision aus einem surrealistischen Bild, aus einem phantastischen Bild.

Die Welt der Karibik ist voller Persönlichkeiten von universeller Geltung in der Weltgeschichte und von universeller Geltung in der Geschichte Amerikas. Hier treffen wir nicht nur auf den Schatten der Kaiserin Joséphine, sondern auf einer kleinen Insel namens Marie Galante wurde auch Madame de Maintenon geboren, die letzte Gemahlin Ludwigs XIV., der die unheilvolle Aufhebung des Edikts von Nantes anzulasten ist, was die Vertreibung der Protestanten aus Frankreich und den Beginn eines Bruderkriegs bewirkte.

Pauline Bonaparte in Haïti, Marschall Rochambeau, und sprechen wir gar nicht von den großen Seefahrern, Korsaren, Flibustiern ... Männer wie Walter Raleigh, der Günstling Elisabeths I. von England, der den Orinoco hinauffahren wollte und irrtümlich, da er vom Kurs abgekommen war, in den Caroní eindrang und deshalb nicht jene Schätze nach England bringen konnte, die er erhofft hatte. Und ganz zu schweigen schließlich von unseren eigenen Persönlichkeiten, mit denen ich mich später beschäftigen werde und die den karibischen Raum jahrhundertelang geprägt und unsere Geschichte gestaltet haben.

Es mag scheinen, daß es innerhalb dieser großen Vielfalt einen gemeinsamen Nenner gibt. Dieser gemeinsame Nenner ist die Musik. Den Inseln der Antillen hätte man jenen Namen beilegen können, den Rabelais, der große Klassiker der französischen Renaissance, einigen Inseln gab: die »Klingenden Inseln«. Alles klingt auf den Antillen, alles ist Klang. Der gemeinsame Nenner ist, ich sage es noch einmal, die Musik. Es kann sich um die außergewöhnliche kubanische Musik mit ihrer langen Entwicklung handeln, über die ich Ihnen nichts sagen muß und die sich auf der ganzen Welt durchgesetzt hat; es kann sich um die dominikanische *Plena* handeln, die der kubanischen Musik so sehr ähnelt und sich dennoch so stark von ihr unterscheidet; es kann sich um den ungewöhnlichen, den teuflischen *Calypso* von Barbados und Trinidad handeln; es können jene *Steelband* genannten Kapellen sein, die wir nicht Blechmusikkapellen, sondern Stahlmusikkapellen nennen könnten, in dem Sinne, daß, wie Sie wissen, die Musiker der Inseln Trinidad und Barbados aus den mit gezielten Hammerschlägen ausgebeulten Deckeln der Benzin- und Öltonnen ein Instrument geschaffen haben, das einen derartigen Reichtum an Klangfarben, Stimmungen und Ausdrucksmitteln besitzt, daß man auf diesen echt antillanischen Instrumenten sogar die Musik Bachs spielt.

Wohin wir uns auch immer auf den Antillen wenden, erklingt Musik. Und sprechen wir gar nicht erst von den jüngsten Schöpfungen der hervorragenden jamaikanischen Kapellen. Sprechen wir nicht von der *Biguine* aus Fort-de-France und Pointe-à-Pitre und der Musik Guadeloupes und Martiniques. Sprechen wir nicht von den unterschiedlichen Musikformen, die sich bis ins Unendliche variieren lassen, wobei sie dennoch eine sonderbare Familienähnlichkeit bewahren. Eine parallele und vergleichende Untersuchung der Musik auf den Antillen steht noch aus.

Doch ich bin nicht hier, um zu Ihnen nur über die Musik der Antillen zu sprechen, dieses schöpferische Element, dieses zutiefst vitale Schaffenselement – keine tote, auf Archivforschungen beruhende Folklore wie die anderer Länder, sondern lebendige Folklore, da sie sich jeden Tag durch neue Beiträge, neue Erfindungen, neue instrumentale Kombinationen wandelt, bereichert und vervielfältigt. Es gibt vielmehr etwas, was der Karibik eine besondere und wesentliche Bedeutung verleiht: Die Karibik hat eine privilegierte, einzigartige Rolle in der Geschichte des Kontinents und der Welt gespielt.

Erstens, wie ich vor einem Augenblick sagte und wie Sie wissen: Die Entdeckung der amerikanischen Landschaft, der Existenz anderer Pflanzenreiche, anderer Erdregionen erscheint im Reisetagebuch des Christoph Kolumbus. Mit diesem Tagebuch und mit den Briefen, die Christoph Kolumbus an die Katholischen Könige schickt und worin er über seine Reisen berichtet, geht Amerika in die Vorstellungen des Menschen ein, und der Mensch gewinnt erstmals eine vollständige Vorstellung von der Welt, in der er lebt. Er kennt bereits seinen Planeten, er weiß schon, daß er rund ist, es wird ihm nun bewußt, wohin er geht. Zum erstenmal in der Geschichte weiß er, in welcher Welt er lebt.

Dieses Ereignis ist so folgenschwer und so bedeutsam, daß wir sagen müssen: Es ist das wichtigste Ereignis der Geschichte. Denn es gibt in der Weltgeschichte den Menschen vor der Entdeckung Amerikas und den Menschen nach der Entdeckung Amerikas.

Amerika ist entdeckt worden, und plötzlich, infolge einer Verkettung von Umständen, die Sie kennen, stellt es sich heraus, daß unsere Erde und ganz besonders die karibische Erde zum Schauplatz der ersten Symbiose, des ersten in der Geschichte verzeichneten Zusammentreffens dreier Rassen wird, die als solche niemals zuvor zusammengekommen sind: die weiße Europas, die indianische Amerikas – etwas gänzlich Neues – und die afrikanische, die Europa zwar kannte, die aber diesseits des Atlantiks völlig unbekannt war. Demzufolge kam es zu einer denkwürdigen Symbiose dreier Rassen, die wegen ihrer Vielfalt an kulturellen Beiträgen von außerordentlicher Bedeutung war und eine ganz originelle Zivilisation schaffen sollte.

Kaum hat man nun aber die Entdeckung abgeschlossen und gewinnt die ersten Kenntnisse über diese Neue Welt, wie man sie nannte, da tritt ein negatives Element auf, das von einem positiven ausgeglichen werden sollte.

Beginnen wir jedoch mit dem negativen Element: Der Begriff des Kolonialsystems wird mit der Entdeckung Amerikas geboren. Es ist ja schon bekannt, daß, bevor die Spanier nach Amerika kamen, die Portugiesen, jene anderen hervorragenden Seefahrer, an die äußersten Grenzen Asiens gelangt waren und das erforscht hatten, was sie die »Gewürzinseln« nannten. Aber diese Seefahrer, vor allem Portugiesen, einige Engländer und einige Franzosen, die bald bis nach Indien kamen und die afrikanische Küste entlangsegelten, hatten niemals daran gedacht, Kolonien im eigentlichen Sinne des Wortes zu gründen. Sie gründeten einige Stapelplätze für den Handel; auf ihren Fahrten suchten sie Waren und erhielten Waren im Austausch. Sie kauften und verkauften, trieben Handel, es gab wohl Orte, wo zehn, zwölf, fünfzehn Kolonistenfamilien lebten, das waren die Familien ebenjener Handelsangestellten, doch es gab keine Vorstellung von Kolonisation.

Spanien indes betritt Amerika sehr wohl in der Absicht, es zu kolonisieren. Und der erste große Kolonisator, der Amerika nach der Entdeckung betritt, ist der erstgeborene Sohn des Christoph Kolumbus, Don Diego Kolumbus, der mit keiner Geringeren als seiner Gattin, Doña María Toledo, einer Nichte des Herzogs von Alba, eintrifft. Er gründet einen kleinen Renaissancehof auf Santo Domingo, durch dessen Straßen häufig Gonzalo Fernández de Oviedo spazierte, jener Intellektuelle, der zum offiziellen »Chronisten Westindiens« werden sollte; und bald werden Universitäten gegründet und Theaterstücke aufgeführt.

Dieser Gedanke der Kolonisation erscheint bereits völlig abgesichert und eingebürgert. Aber die Geschichte hat ihre Überraschungen, und man rechnete nicht mit einem anderen Element: dem afrikanischen Sklaven. Der Schwarze, der vom afrikanischen Kontinent, gefesselt, angekettet, in den vor Schmutz starrenden Kielräumen der Schiffe zusammengepfercht, nach Amerika kommt, der als eine Ware verkauft und den schlimmsten Bedingungen unterworfen wird, denen man einen Menschen aussetzen kann, gerade er wird, wie sich herausstellt, der Ursprung des Unabhängigkeitsgedankens sein. Das heißt, im Verlauf der Zeit wird dieser Paria, dieses auf der untersten Stufe der menschlichen Existenz stehende Wesen uns nichts Geringeres als den Begriff der Unabhängigkeit schenken. Das verdient eine kurze Erklärung.

Wenn wir eine Landkarte hätten, auf der überall ein rotes Lämpchen aufleuchtete, wo es auf dem Kontinent Negeraufstände, Aufstände von Negersklaven gegeben hat, würden wir entdecken, daß vom sechzehnten Jahrhundert bis heute niemals alle Lämpchen erloschen wären, stets würde irgendwo ein rotes Lämpchen brennen. Der erste große Aufstand beginnt im sechzehnten Jahrhundert in Venezuela, in den Bergwerken von Buría. Es ist die Erhebung des Negers Miguel, der sogar ein unabhängiges Königreich gründet, das selbst einen Hofstaat hatte, ja, es hatte sogar einen Bischof einer von ihm geschaffenen dissidenten Kirche.

Nur wenig später kommt es in Mexiko zum Aufstand von La Cañada de los Negros, der so furchtbar für die Kolonisatoren war, daß Vizekönig Martín Enríquez sich gezwungen sieht, ohne irgendwelche Rücksichtnahme, ohne Urteil derart schreckliche Strafen wie die Kastration für jeden in die Berge geflohenen Schwarzen zu verfügen. Kurz darauf entsteht die befestigte Ansiedlung von Palmares, wo die aus der Sklaverei entflohenen Neger Brasiliens ein unabhängiges Reich gründen, das zahlreichen Expeditionen der portugiesischen Kolonialherren standhält und mehr als sechzig Jahre seine Unabhängigkeit behauptet.

Ende des siebzehnten Jahrhunderts kommt es in Surinam zum Aufstand der drei Negerführer Sant Sam, Boston und Arabi, gegen den vier holländische Strafexpeditionen nichts ausrichten können.

In Bahia gab es den »Aufstand der Schneider«; in Kuba die von Aponte geführte Rebellion; besondere Erwähnung verdient indes wegen seiner historischen Bedeutung der Schwur von Bois Caïman.

Was war der Schwur von Bois Caïman? In einer stürmischen Nacht kamen an einem Ort, der *Bois Caïman*, also *Wald des Kaimans* hieß, die Plantagensklaven der französischen Kolonie Saint-Domingue, des heutigen Haïti, zusammen und schworen, die Unabhängigkeit in ihrem Lande auszurufen; und diese Unabhängigkeit wurde von dem großen Führer Toussaint Louverture verwirklicht, sein Name ist einer von den fünf, die als geistige Schirmherren dieser Carifesta 79 erscheinen, die gegenwärtig in Havanna veranstaltet wird.

Merkwürdig ist, daß mit dem Schwur von Bois Caïman der

tatsächliche Begriff der Unabhängigkeit geboren wird. Das heißt, daß sich zu dem von den Spaniern nach Santo Domingo gebrachten Begriff der Kolonisation der Begriff der Entkolonisierung gesellt, der den Beginn der Unabhängigkeits- und Entkolonisierungskriege prägt, jener antikolonialen Kriege, die sich bis in unsere Tage fortsetzen sollten.

Ich möchte das näher erklären: Wenn wir die große *Encyclopédie* nehmen, die berühmte, von Voltaire, Diderot, Rousseau, d'Alembert um die Mitte des achtzehnten Jahrhunderts in Frankreich verfaßte Enzyklopädie, deren Ideen so großen Einfluß auf die Führer unserer Unabhängigkeitskriege ausübten, entdecken wir, daß in diesem Werk der Begriff der Unabhängigkeit einen noch rein philosophischen Wert hat. Man sagt Unabhängigkeit, das ja, Unabhängigkeit des Menschen gegenüber der Idee von Gott, gegenüber dem Begriff der Monarchie; man redet vom freien Willen und davon, wie weit die individuelle Freiheit des Menschen reicht – aber man spricht nicht von politischer Unabhängigkeit. Was indes die Neger Haïtis forderten – die darin zu Vorkämpfern aller unserer Unabhängigkeitskriege wurden –, war die politische Unabhängigkeit, die vollständige Befreiung.

Ich weiß, daß man dagegen unschwer einen Einwand erheben kann. Viele werden mir sagen: Einen Augenblick, der Schwur von Bois Caïman fand 1791 statt, aber schon lange zuvor waren die Vereinigten Staaten unabhängig geworden! Doch wer leugnet das! Man darf nicht vergessen, als die dreizehn nordamerikanischen Kolonien sich von der Herrschaft des Königs von England befreiten und ein vom britischen Kolonialsystem unabhängiges Land wurden, hat es keinen Strukturwandel im Leben dieser Kolonien gegeben: Die Großgrundbesitzer blieben weiter dieselben Großgrundbesitzer, die Großkaufleute lebten genauso weiter wie früher. Niemandem kam es in den Sinn, daß es eine Sklavenbefreiung geben könnte. Um diese Sklavenbefreiung zu erreichen, mußte man bis zum Sezessionskrieg warten. Das heißt, in den Vereinigten

Staaten ging es nach der Proklamation der Unabhängigkeit, nach Jefferson, nach George Washington, weiter wie zuvor.

In Lateinamerika aber geschah nicht das gleiche! Denn seit den Unruhen in Haïti, denen wenig später der Zyklus der Unabhängigkeitskriege folgte, die 1824 mit der siegreichen Schlacht von Ayacucho endgültig abgeschlossen wurden, veränderten sich die Lebens- und die gesellschaftlichen Strukturen vollständig, und sie veränderten sich deshalb vollständig, weil eine Persönlichkeit an erster Stelle auf dem Schauplatz der Geschichte erschien, die man bisher politisch nicht zur Kenntnis genommen hatte, obwohl es sie als Menschengruppe schon gab. Und diese Persönlichkeit ist der Kreole. Das Wort *criollo* taucht in alten amerikanischen Dokumenten ungefähr seit dem Jahre fünfzehnhundertsiebzig auf.

Was war der Kreole? Allgemein gesprochen war der Kreole, der in Amerika, auf dem neuen Kontinent Geborene, entweder ein Mestize mit einem spanischen und einem eingeborenen Elternteil oder ein Mestize mit einem spanischen und einem afrikanischen Elternteil, oder es waren sogar einfach gebürtige Indios, die aber gemeinsam mit den Kolonialherren lebten, oder auch in Amerika geborene Neger, das heißt keine neu aus Afrika herübergebrachten. Unter den Kreolen sollte selbstverständlich der Mestize eine privilegierte Stellung einnehmen. Dennoch fühlte sich der Kreole zurückgesetzt. Simón Bolívar, der Befreier Südamerikas, spricht in seinem *Brief aus Jamaika*, diesem bedeutenden Dokument, einem der wichtigsten, das uns die Geschichte Amerikas hinterlassen hat, von der Lage des Kreolen, selbst der wohlhabenden Klassen, in den Zeiten vor den von ihm ausgelösten Unabhängigkeitskriegen. Bolívar sagt: »Niemals waren wir Vizekönige oder Gouverneure, wenn nicht ganz außergewöhnliche Gründe dazu führten; selten Erzbischöfe oder Bischöfe; kein einziges Mal Diplomaten; Militärs nur in niederen Rängen: Adlige ohne wirkliche Privilegien. Wir waren schließlich keine höheren Justizbeamten, keine Finanziers und fast nicht einmal Kaufleute.«

Die Geschichte Amerikas hat ein sehr wichtiges und hochinteressantes Merkmal. Sie ist ein ständiges Abbild des Klassenkampfes. Die gesamte Geschichte Amerikas vollzieht sich nur im Rahmen des Klassenkampfes. Wir kannten keine dynastischen Kriege wie die Europas, keine Erbfolgekriege; wir kannten keine Kriege zwischen verfeindeten Familien wie den Hundertjährigen Krieg, der ein Kampf um Lehensgebiete war; wir kannten keine Religionskriege im engeren Sinne des Wortes. Unser ständiger, mehrere Jahrhunderte dauernder Kampf wurde zuerst von der Klasse der Conquistadoren gegen die Klasse der unterjochten und geknechteten Ureinwohner geführt. Dann war es auch ein Kampf des Kolonisators gegen den Conquistador, weil die Kolonisatoren, die unmittelbar nach den Conquistadoren kamen, den eitlen Stolz der Conquistadoren brechen und selbst eine Oligarchie schaffen, das heißt die Gewalt ausüben wollten, und es gelang ihnen, die Klasse der Conquistadoren zu vernichten, die, wie Sie wissen, fast alle arm, elend, als Mordopfer oder Verbannte zugrunde gingen. Nur wenige fanden ein glückliches Ende.

Aus den Kolonisatoren wurde die Aristokratie, die gegen den Kreolen kämpfende Oligarchie, gegen jenen Kreolen, den Bolívar in dem Abschnitt beschrieben hat, den ich soeben vorgetragen habe. Schließlich kam es in den Unabhängigkeitskriegen zur Erhebung des Kreolen, des in Amerika Geborenen, gegen den Spanier, den man je nach Region *Godo*, *Mantuano*, *Chapetón* und so weiter nannte. Doch der Kreole begründet nach seinem Sieg eine neue Oligarchie, gegen die der Sklave, der Besitzlose und eine entstehende Mittelklasse kämpfen müssen, zu der beinahe die gesamte »Intelligenzija« gehört: Intellektuelle, Schriftsteller, Lehrer der höheren und der Volksschulen, kurzum jene bewundernswerte Mittelklasse, die während des ganzen neunzehnten Jahrhunderts und weiter bis in unseres hinein größer wird.

Und in dieser Phase des Kampfes, die sich bis in die Mitte unseres Jahrhunderts und weiter ausdehnen sollte, wird sich das Nationalgefühl der amerikanischen Länder festigen. Das heißt: Nachdem er auf dem ganzen Kontinent siegreich war, beginnt der Kreole seine besondere Identität zu suchen, und die Vorstellung des Nationalgefühls bildet sich heraus. Diese kreolische Welt, diese amerikanische Welt, wird zu einer Welt, wo man sich dessen bewußt ist, daß es Venezolaner, Kolumbianer, Mexikaner, Kubaner, Zentralamerikaner gibt, und in späterer Zeit wird sich mit den wachsenden Unabhängigkeitsbewegungen auf den Antillen das Bewußtsein herausbilden, Jamaikaner, Martiniquaner, Bürger Curaçaos oder schließlich der verschiedenen anderen Inseln zu sein, aus denen sich unsere weite karibische Welt zusammensetzt.

Im zwanzigsten Jahrhundert kämpften und kämpfen die Länder unseres Amerika, von einem starken Nationalgefühl beseelt, gegen den Imperialismus, den Verbündeten der kreolischen Großbourgeoisie, um die vollständige Unabhängigkeit zu erringen, was mit dem Streben nach gesellschaftlichem Fortschritt vereint ist. Und die zweite Hälfte des zwanzigsten Jahrhunderts wurde und wird weiter geprägt von der Verstärkung dieses Kampfes in unserem gesamten karibischen Raum, eines Kampfes um vollständige Unabhängigkeit, eine vollständige Unabhängigkeit, die in Kuba bereits errungen wurde.

Wenn wir den karibischen Raum betrachten, erfüllt uns die Galerie großer Männer, die sich uns bietet, mit Staunen.

Wenn wir nur einige Persönlichkeiten aufführen – denn ich will hier keine enzyklopädische Aufzählung vornehmen –, entdecken wir Leitfiguren wie Francisco de Miranda, den Vorkämpfer aller amerikanischen Unabhängigkeitsbewegungen, der in Venezuela geboren wurde; Simón Rodríguez, den Lehrer des Befreiers Bolívar, jener, der gesagt hat: »Amerika soll nicht sklavisch nachahmen, sondern ursprünglich sein«, eine Vorstellung von Originalität, eine Vorstellung von Nationalität; über das Heldenleben Simón Bolívars brauche ich nicht zu sprechen – es ist zu gut bekannt, als daß ich länger bei ihm verweilen müßte. (Vergessen wir nicht, daß er in seinem Krieg von Admiral Brion, der aus Curaçao stammte, unterstützt wurde.) Die Integration der Karibik wird immer mehr Wirklichkeit. Toussaint Louverture war der Nationalheld, der Befreier Haïtis. Es war Pétion, der Präsident Haïtis, der von Bolívar für die im Krieg gewährte moralische und materielle Hilfe die Abschaffung der Sklaverei in Venezuela verlangte, und wenn diese auch nicht sofort erfolgte, so wurde sie doch in Venezuela als einem der ersten Länder vollzogen. Heredia, der große romantische Dichter, der größte romantische Dichter Kubas, war der Sohn eines Venezolaners, des Verwalters Heredia aus Venezuela. Wir wissen, daß Máximo Gómez ein Dominikaner war. Maceos Eltern haben im venezolanischen Unabhängigkeitskrieg gekämpft. Hostos kommt aus Puerto Rico zu uns; Finlay ist Kubaner: Und natürlich vergessen wir bei dieser sehr oberflächlichen Aufzählung den unvergleichlichen José Martí nicht, dessen bahnbrechendes Gedankengut die Heldentat von Moncada beseelen sollte, und diese wurde von Comandante Fidel Castro, einer weiteren hervorragenden Persönlichkeit unserer karibischen Welt, geführt und sollte ihren Höhepunkt in der Kubanischen Revolution erreichen, die in diesem Jahr den zwanzigsten Jahrestag ihres unumkehrbaren Erfolges, ihres beispielhaften Sieges feiern konnte.

Die großen Männer, deren Namen ich soeben genannt habe, veranschaulichen, daß es etwas gibt, was wir einen karibischen Humanismus nennen könnten. Unsere großen Männer beschränkten niemals ihr Handeln, ihr Denken und ihre Vorbildfunktion auf den eigenen Bereich, vielmehr wirkten sie mit ihrem Beispiel auch auf die Nachbarvölker. Es gab einen Austausch von Menschen, wie es auch eine Übertragung von Ideen gab. Uns verlangte es stets nach gegenseitiger Verständigung über die Bestrebungen, die wir gemeinsam verfolgten. Vergessen Sie nicht, daß José Martís amerikanischer Lebensweg, der ihn von Venezuela nach Zentralamerika, Mexiko, in die Vereinigten Staaten und natürlich nach Tampa und Kuba führt, ein Weg ist, der, abgesehen von seiner Europareise und der Zeit, die er in New York verbrachte, seinen unmittelbaren politischen und geschichtlichen Bildungsgang, der in unserem entscheidenden Unabhängigkeitskrieg gipfeln wird, auf den ganzen Raum der Karibik ausdehnt. Und wie viele zu Herzen gehende Seiten, wie viele Seiten voll tiefster Wahrhaftigkeit und inniger Liebe hat Martí doch über Venezuela, über Guatemala, über Mexiko, über die Länder der Karibik insgesamt geschrieben!

Den erwähnten Austausch der Menschen hat es immer gegeben: Máximo Gómez kämpft für die Unabhängigkeit Kubas; ein Kubaner, Francisco Javier Yanes, unterzeichnet die Unabhängigkeitserklärung Venezuelas ... Es gibt unzählige Beispiele. Aurrecochea, Maceos bevorzugter Stellvertreter – er wurde der venezolanische *Mambí* genannt –, war Venezolaner. Die Menschen gingen von einem Land ins andere, sie hatten gemeinsame Vorstellungen, und die Karibik bildet deshalb mit den kontinentalen Gebieten Mexikos, den Küstenregionen Venezuelas und Kolumbiens im weiteren Sinne die Einheit jener Gebiete, die von afrikanischen Sklaven besiedelt und bewohnt wurden. Diese Sklaven wurden von ihrem Heimatkontinent in ein und demselben Kolonisierungsprozeß herübergebracht, und wir finden sie ebenso in Peru, Guayaquil oder Brasilien; sie gehören im weiteren Sinne auch zu jenem karibischen Konglomerat, das wir allmählich in seiner Gesamtheit erfassen und verstehen.

Daher ist die Carifesta 79 etwas mehr als ein Komplex von Unterhaltungs- und Musikveranstaltungen, sie ist etwas mehr als ein Fest, sie ist etwas wie ein Identifikationsritual. Es wird Tage voller Freude, Tänze und ausgelassener Vergnügen geben, aber auch Tage, die etwas mehr sein werden, denn in ihrem Verlauf werden wir vergleichen können, was uns eint und was uns unterscheidet, was uns einander ähnlich macht und was zugleich jeden einzelnen von uns auszeichnet, das Besondere und das Allgemeine, was von Natur aus den einen gehört und was das Erbe aller ist.

Viel davon werden wir durch die »Tage der Kunst« auf dieser Carifesta 79 erfahren, die jetzt in Kuba veranstaltet werden soll. Fünf hervorragende Männer, fünf große Humanisten unseres karibischen Raums, sollen im Geiste den Vorsitz über diese Veranstaltung innehaben: Simón Bolívar, Toussaint Louverture, Benito Juárez, José Martí und Marcus Garvey. Fünf Humanisten, fünf Führer der Völker, die auf den karibischen Raum, dem sie angehörten, die Worte angewandt haben könnten, die unser Apostel an das ganze Amerika richtete: »Ich bin stolz auf meine Liebe zu den Menschen, auf meine leidenschaftliche Zuneigung zu all diesen Landstrichen, die durch gleiche und blutige Leiden auf ein gemeinsames Schicksal vorbereitet sind.«

Die Karibik ist strahlende Wirklichkeit, und ihr gemeinsames Schicksal steht ganz außer Zweifel. Sich der Wirklichkeit der Karibik bewußt zu werden heißt, das Bewußtsein der Kubanität zu erweitern und zu vollenden, die von dem Sieg unserer Revolution verstärkt wurde, einer Kubanität, die in einen geographischen Raum einbezogen ist, der eine grundlegende und entscheidende Rolle in der Geschichte Amerikas spielte, unseres Amerika, das Amerika José Martís.

Ein großes Fest der Karibik

Der internationale Massentourismus »entdeckt« gerade die weite und wunderschöne Welt der Karibik. Auf Kreuzfahrten, mit Linienflugzeugen und unzähligen Chartermaschinen kommen nun die Besucher auf die Inseln und an die Küsten des geographischen Raums der Karibik und stellen erstaunt fest, wie reizvoll, reich an eigenständigen Ausdrucksformen und wertvoller Volkskunst er ist. Das, was sich der Einbildungskraft durch das gleiche Klima, eine ähnliche Vegetation und die Allgegenwart ein und desselben Meeres zunächst als etwas darbieten könnte, dem die Vielfalt fehlt, zeigt sich uns ganz im Gegenteil in einer Farbenpracht, die alle möglichen Kontraste und Nuancen einbezieht ... Die kanadischen Touristen, die in jedem Winter zu Tausenden nach Havanna kommen, wissen genau, daß sie sich nach wenigen Flugstunden auf eine unwandelbare Sonne verlassen können, die in ihrem nördlichen Schnee fehlt, und sie erblicken etwas ganz anderes als das, was ein paar Monate später die französischen Urlauber zu sehen bekommen, die die gemeinsame Sprache auf die Inseln Guadeloupe oder Martinique lockt ... Die ehemals niederländischen Antillen gleichen nicht im mindesten den ehemals britischen. Es gibt gebirgige Antillen mit zerklüfteten Flächen, und es gibt Antillen mit einem gleichmäßigen Profil, die kaum über die sie umspülenden Wellen hinausragen. Die Architektur von Barbados – dort sind prächtige Villen im romantischen englischen Stil erhalten – hat mit den beinahe holländischen Straßen Curaçaos wenig gemeinsam. Die sanften Strände Guadeloupes haben kaum eine Ähnlichkeit mit den wildbewegten Landschaften Arubas, wo Bäume aus Stein emporragen – Lavazungen, die durch ein geheimnisvolles geologisches Phänomen gerade in dem Augenblick jählings erstarrt sind, als sie aufschäumten, was ihnen eine phantastische Pflanzengestalt verliehen hat. Außerdem gibt es indische Saris auf Trinidad, die Armbänder und großkarierten Tücher der Mulattinnen von Martinique, die schillernden Blusen, die Spitzen und die Schuhe mit hohen Absätzen, mit denen die Frauen rhythmisch aufstampfen ... Eine ganze Menschengemeinschaft, die singt und tanzt, singt und musiziert, mit unglaublich vielfältigen Schlaginstrumenten, die an manchen Orten von den riesigen *djukka*-Trommeln (den gleichen, die man in Venezuela *mina* nennt) bis zu den legendären *Steelbands* von Trinidad und Tobago reichen, wo die ortsansässigen Musiker mit den zurechtgehämmerten Metalldeckeln von Ölfässern so vielfältige Noten hervorbringen können, daß sie, um ihre wunderbare Virtuosität zu beweisen, außer Trommelwirbeln und volkstümlichen Festmärschen sogar ein *Allegro* Johann Sebastian Bachs spielen – wenn auch verständlicherweise im Rhythmus der Karibik, ohne daß dies eine größere Sünde als die ist, Franz Liszt zu *verrocken*, wie es manche Kapellen anderswo tun ... Länder der Rumba, der »Plena«, der »Biguine«, des »Reggae«, des »Calypso«! Länder, die ganz zu Recht die Bezeichnung »Klingende Inseln« verdienen könnten, wie Rabelais einige imaginäre Inseln genannt hatte, die von Gargantua und Pantagruel, den Helden seines großen Romans, besucht wurden ...

Sie alle sind Klingende Inseln! Doch diese »Klingenden Inseln« müßten eines Tages gemeinsam und harmonisch an einem bestimmten Ort ertönen, als ein karibischer *Identifikationsritus*, zu dem jede Stimme ihre besondere Note beisteuerte ... Die Idee »lag in der Luft« – wie man so etwas gern nennt –, als Forbes Burnham, der Ministerpräsident Guyanas, 1966 auf den glücklichen Einfall kam, ein ›Festival der kreativen Künste‹ der Karibik zu veranstalten, das den Namen *Carifesta* erhalten sollte. Dieser Plan nahm allmählich feste Gestalt an, und so geschah es, daß das erste *Carifesta*-Festival 1972 in Guyana selbst stattfand. Das zweite wurde 1976 in Jamaika durchgeführt, und dabei erweiterte man den bisher auf die Inseln beschränkten Begriff des karibischen Raums auf jene Küsten und Regionen Amerikas, die von einem gleichen oder ähnlichen Kulturerbe geprägt waren.

Und jetzt hat man sechs Tage lang in den Theatern und auf den Straßen Havannas *Carifesta 1979* gefeiert. Sechs Tage voller Tänze, Rhythmen, Schlaginstrumente, Lieder, Kapellen und Festzüge, die mehr als zweitausend Künstler mit volkstümlicher oder akademischer Ausbildung zusammengebracht haben! Sie sind von allen Inseln und aus allen Festlandsregionen der karibischen Welt gekommen ... Ich dachte an das Fassungsvermögen mancher Havanneser Theater – des »Carlos Marx«, des »América« und des »García Lorca« ... –, und darum hielt ich es für unmöglich, daß es in der kubanischen Hauptstadt genug Publikum gäbe, um jeden Tag derartige Säle bei genau *zur gleichen Zeit* stattfindenden Darbietungen vollständig zu füllen. Und trotzdem, das Wunder wurde vollbracht. So lernten wir denn neue Interpretationen des venezolanischen Joropo kennen (ohne daß wir Fredy Reyna, den hervorragenden Virtuosen der typischen viersaitigen Gitarre – des »Cuatro« – vergessen dürfen); wir hörten ein Ensemble aus Barbados, dessen Sängerin, eine Mulattin mit einer wunderschönen Stimme, einem Chanson von Claude François ganz natürlich ihren antillanischen Rhythmus aufprägte und es zu einem »Calypso« umgestaltete; wir erlebten den Beifall für die mexikanischen »Mariachis«, die jamaikanischen Schlagzeuger, die Spitzenkleider tragenden Tänzerinnen aus Panama; in einer Nacht ließen sich die Havanneser Zuschauer von einer fröhlichen »Cumbia« elektrisieren und tanzten aus dem Theater hinaus, den kolumbianischen Künstlern hinterher, und das Fest endete spät in der Nacht mit lebhaften Freudenbekundungen von Leuten, die sich an den Fenstern und auf den Balkonen zeigten. Zum Abschluß von *Carifesta 1979* gab es den großen Karneval von Havanna, bei dem sich alle Ensembles gemeinsam vorstellten.

Wenn dies Fest- und Freudentage waren, so muß man auch sagen, daß sie für manch einen außerdem eine Schul- und

Lehrzeit bedeuteten ... Denn ein Wunder war tatsächlich die Entdeckung, daß es im karibischen Raum so viele unbekannte Kostbarkeiten, so viele Schätze, eine solche Vielfalt von Volksmusik und -tänzen gab, die dazu ausersehen sind, in den nächsten Jahren die Welt zu erobern, wie der Jazz und die kubanischen Rhythmen sie schon in den ersten Jahrzehnten des zwanzigsten Jahrhunderts erobert haben.

IV

Die amerikanische Identität

Bewußtsein und Identität Amerikas

Die Lateinamerikaner meiner Generation haben ein einzigartiges Schicksal erlebt, das allein schon Beweis genug dafür ist, daß sie sich von den Europäern unterscheiden: Sie wurden in einer Welt aus Stahlbeton geboren, in ihr wuchsen sie auf und erreichten das Mannesalter ... Während der Europäer inmitten von mehrhundertjährigen Steinen geboren wurde, aufwuchs und das Mannesalter erreichte, in einer Welt voll ehrwürdiger Bauwerke, denen kaum eine zaghafte oder anachronistische architektonische Neuerung hinzugefügt wurde, erwachte der Lateinamerikaner, der am Anfang dieses Jahrhunderts der wunderbaren Erfindungen, Wandlungen und Umwälzungen geboren wurde, in einer Welt von Städten, deren Entwicklung seit dem siebzehnten oder achtzehnten Jahrhundert beinahe vollständig stagniert war und deren Bevölkerung äußerst langsam zugenommen hatte, die nun aber riesige Ausmaße erreichten, sich im Tempo der Betonmischmaschinen ausdehnten, sich erweiterten und emporstrebten. Das Havanna, das ich in meiner Kindheit durchstreifte, glich noch dem Havanna Humboldts; das Mexiko, das ich 1926 besuchte, war noch das von Porfirio Díaz; das Caracas, das ich 1945 kennenlernte, ähnelte noch weitgehend dem Caracas, das José Martí beschrieben hat.

Auf einmal werden unsere verschlafenen Kapitalen zu richtigen Städten (die anarchisch sind in ihrer plötzlichen Entwicklung, anarchisch in ihren Konturen, maß- und respektlos in ihrem Drang, Altes zu zerstören, um es durch Neues zu ersetzen). Unser Mensch ist dem urbanen Zentrum wesensgleich, er wurde zum Stadtmenschen, zum Stadtmenschen-des-zwanzigsten-Jahrhunderts, das soll heißen: zum Menschen-der-Geschichte-des-zwanzigsten-Jahrhunderts, und das in Orten, die ihren traditionellen Rahmen sprengen und innerhalb weniger Jahre die ungeheuersten Pubertätskrisen durchmachen und allmählich, wenn auch in einer chaotischen und hektischen Atmosphäre, ihre eigenen Wesenszüge ausprägen.

Der Lateinamerikaner hat in dieser Zeit die Entstehung einer neuen Realität erlebt, bei der er Richter und Partei war, Initiator und Vorkämpfer, staunender Zuschauer und maßgeblicher Beteiligter, Zeuge und Chronist, Ankläger oder Angeklagter. »Nichts in meiner Umwelt ist mir fremd«, hätte er sagen und den Renaissancehumanisten paraphrasieren können. »Das habe ich selbst gebaut, und ich habe gesehen, wie man das dort errichtet hat, das weiter drüben hat mir weh getan, oder ich habe es verwünscht. Aber ich habe eine Rolle gespielt – entweder als Hauptperson oder als Chorist und Komparse« ... Doch nachdem die Dekoration geschaffen, die Kulissen aufgestellt und die Vorhänge angebracht worden sind, muß man nun prüfen, was man auf der weiträumigen Bühne aus Stahlbeton aufführen soll – eine Komödie, ein Schauspiel oder eine Tragödie.

Gerade dabei stellt sich das wahre Problem: Über welche Akteure können wir verfügen? Wer sollen diese Akteure sein? ... Und als erstes ...: *Wer bin ich*, welche Rolle vermag ich zu spielen? Vor allem aber ...: Welche Rolle steht mir zu? ... Stets erhält das »Erkenne dich selbst« neue Gültigkeit. Dieses »Erkenne dich selbst« wird jedoch, und das ist die erste Schwierigkeit, in einer Welt formuliert, die unsere anmaßenden und respektlosen modernen Städte umgibt, die wir, offen gesagt, bisher sehr schlecht kannten und erst jetzt (seit wenigen Jahren: kaum ein halbes Jahrhundert) etwas eingehender erkunden. Weit zurück liegen die Zeiten, in denen die berüchtigten und arroganten »Científicos« des Porfirio Díaz während der Gedenkveranstaltungen zum hundertsten Jahrestag der mexikanischen Unabhängigkeit unerschrocken verkündeten, daß alle Rätsel unserer präkolumbischen Vergangenheit aufgeklärt seien. Weit zurück liegen die Zeiten, in denen wir unsere großen Männer der Geschichte auf einen Sockel stellten und allein zum Gegenstand einer Verehrung machten, die jedes kritische Herangehen zugleich mit spontanen und kontingenten Beweggründen ausschloß ... Weit zurück liegen die Zeiten, in denen wir unsere Geschichte lediglich als eine Chronik von militärischen Aktionen, Schlachtenszenen, Palastintrigen, Machtergreifungen und Zusammenbrüchen ansahen, und das in Texten, denen die Kenntnis der wirtschaftlichen, ethnischen und tellurischen Faktoren fehlte, all jener latenten Realitäten, all jener unterschwelligen Triebe, aller ausländischen – imperialistischen, um nichts zu verschweigen – Pressionen und Begehrlichkeiten, die aus unserer Geschichte *eine sich von den übrigen Geschichten der Welt unterscheidende Geschichte* machten. Eine von Anfang an andersartige Geschichte, weil dieser amerikanische Boden zum Schauplatz der bedeutungsvollsten Begegnung von Völkern wurde, die in den Annalen unseres Planeten verzeichnet ist: die Begegnung des Indianers, des Schwarzen und des Europäers mit mehr oder weniger heller Hautfarbe, die sich fortan vermischen und eine Symbiose der verschiedenen Formen der Kultur, Religion und Volkskunst in dem gewaltigsten Verschmelzungsprozeß begründen sollten, den man jemals beobachten konnte ... »Wir müssen originell sein«, hat Simón Rodríguez, der Lehrer des Befreiers Bolívar, mehr als einmal gesagt ... Doch als er diesen Satz äußerte, brauchte man sich überhaupt nicht mehr zu bemühen, originell zu werden – denn tatsächlich und rechtmäßig waren wir es ja schon, lange bevor man uns den Begriff der *Originalität* als Ziel genannt hatte.

Man läßt sich durchaus keine grundlose und prahlerische Amerikabegeisterung zuschulden kommen, wenn man heute mit gründlicher Sachkenntnis zu erklären vermag, daß der Tempel im mexikanischen Mitla, den die spanischen Conquistadoren verständnislos betrachteten, uns den vollendeten Höhepunkt einer abstrakten, lange Zeit herangereiften Kunst bietet – einer abstrakten Kunst, die nicht einfach dem Versuch einer geometrischen, symmetrischen und gleichförmigen

Ornamentik, sondern der wohlüberlegten Anordnung abstrakter, sich nie wiederholender Kompositionen von übereinstimmender Größe zu verdanken ist, von denen jede einzelne als ein vollständiger, unabhängiger und in sich geschlossener *plastischer Wert* angesehen wird. Man muß sich nicht von einer übertriebenen Liebe zu unserem Amerika verleiten lassen, wenn man anerkennt, daß auf den Gemälden, die den Tempel von Bonampak in Yucatán schmücken, menschliche Gestalten in perspektivischen Verkürzungen dargestellt sind, deren Kühnheit der europäischen Malerei der damaligen Zeit unbekannt war – diese perspektivischen Verkürzungen gleichen zum Beispiel denen eines Christus Mantegnas, wenn sie auch ein weitaus höheres Alter haben. Und das ist nicht alles: Erst jetzt machen wir uns gründlicher mit der wunderschönen Náhuatl-Dichtung vertraut und erfassen allmählich den einzigartigen und tiefen philosophischen Gehalt der großen Kosmogonien und Ursprungsmythen Amerikas.

Das ist immer noch nicht alles. Ohne hier auf einzelne Beispiele einzugehen, von denen sich endlos viele aufzählen ließen, stellen wir fest, daß sich die Originalität und Kühnheit des amerikanischen Menschen seit den Tagen der Conquista und der Kolonialzeit in ganz unterschiedlichen Werken bestätigen. Hier auf unserem Kontinent, zu dem Romanik und Gotik nie gelangt sind, fand die barocke Architektur – in Mexiko, überall in der Andenregion, dem Rückgrat Amerikas – ihre vielfältigsten und vollständigsten Ausdrucksformen, wozu die Benutzung von mehrfarbigen Materialien und von Techniken gehörte, die der indianische Kunsthandwerker vervollkommnet hatte und die den europäischen Baumeistern unbekannt waren. Hier auf diesem Boden erlebte man die ersten antikolonialen Kriege der neueren Geschichte – denn es handelte sich im Grunde um antikoloniale Kriege –, wozu die ununterbrochenen Aufstände von Indios und Schwarzen (seit den frühen Tagen des sechzehnten Jahrhunderts), die Rebellion der *Comuneros* in Neugranada und die Heldengeschichte Tupac Amarus gehörten, bis dann unsere großen Unabhängigkeitskämpfe begannen ... Wenn ich nun das eine oder andere Beispiel für unsere Originalität überspringe, so sollte ich doch in diesem Jahr, das man zum »Internationalen Jahr der Frau« erklärt hat, daran erinnern, daß das erste entschieden frauenrechtlerische, ausgesprochen feministische Dokument (ein Dokument von 1695, in dem für die Frau das Recht auf Zugang zu den Wissenschaften, zu Lehre und Politik gefordert wird sowie gleichberechtigte soziale und kulturelle Bedingungen, die ganz im Gegensatz zum »Machismo« stehen, der sich auf unserem Kontinent nur zu oft beobachten läßt ...) der bewundernswerten Mexikanerin Sor Juana Inés de la Cruz zu verdanken ist – einer Autorin, das sei am Rande erwähnt, von »Negergedichten«, deren Ton auf unglaubliche Weise den mancher Gedichte Nicolás Guilléns vorwegnimmt, jenes großen Lyrikers, den Sie vor kurzem in diesem Auditorium gehört haben.

Über all das ließe sich sehr, sehr viel sagen. Es gibt mehr als genug Beispiele, die man mit Freuden erwähnen könnte. Unsere Befreier, unsere Meisterdenker haben uns Tausende von Seiten mit einer Fülle von Betrachtungen, Untersuchungen, Erwägungen und Hinweisen hinterlassen, die uns wegen ihrer Aktualität, Gültigkeit, ihrer auf die Gegenwart anwendbaren Gedanken überraschen ... Und nun, da sich uns seit etwas mehr als einem Jahrhundert mit dem Werk von Marx der weite Kontinent einer Geschichte vollständig eröffnet hat, die wir früher kaum in ihren Umrissen erkannt hatten, nun, da wir über ein Untersuchungsinstrument verfügen, das aus der Geschichte eine Wissenschaft gemacht hat, können wir die Vergangenheit aus neuen Blickwinkeln betrachten und Wahrheiten ermitteln, die unseren Vorfahren entgangen waren, nun hat der *Stadtmensch-des-zwanzigsten-Jahrhunderts*, jener Mensch, der in unseren ausufernden Städten aus Stahlbeton, den Städten Lateinamerikas, geboren wird, aufwächst und seine Bildung erhält, die unerläßliche Pflicht, seine amerikanischen Klassiker kennenzulernen, sie erneut zu lesen und über sie zu meditieren, um seine Wurzeln und seinen Stammbaum zu finden, der eine Palme, Jasmintrompete oder Ceiba sein kann. So soll er möglichst genau erkunden, *wer er ist, was er ist* und welche Rolle er, ganz seinem eigenen Wesen entsprechend, auf den großen und unruhigen Bühnen spielen muß, auf denen heute die Komödien, Schauspiele und Tragödien – blutrünstige Massentragödien – unseres Kontinents aufgeführt werden.

Als ein Mann, der im Havanna des zwanzigsten Jahrhunderts aufgewachsen ist, als ein Mann, der gesehen hat, wie das Caracas des zwanzigsten Jahrhunderts gewachsen ist – und als ein Mann, der gesehen hat, wie diese Universität gewachsen ist und wie Calders Stabile entstand, das sich in diesem Auditorium allezeit über unseren Köpfen ausbreitet, könnte ich nicht mit rein protokollarischen Worten für die Zuneigung und Wertschätzung danken, die man mir heute abend an diesem Ort zeigt. Zu sagen, daß ich gerührt bin, genügt nicht. Besser und treffender ist, wenn ich sage, daß dieser Abend in die Chronologie meines Daseins als ein Datum mit Großbuchstaben eingehen wird, nun, da ich gerade das furchteinflößende Kap des siebzigsten Lebensjahrs im Reich von dieser Welt bewältigt habe ... Und es erübrigt sich zu sagen, daß ich meinem Freund Alexis Márquez Rodríguez für die Worte zutiefst danke, die er soeben über meine Person, meinen Lebensweg und mein Werk geäußert hat.[23]

Und ich danke ihm um so mehr dafür, weil er solche Dinge über mich ausgesprochen hat, wie sie ein Schriftsteller nicht über sich selbst sagen darf; vielmehr muß er warten, bis der

23 Alejo Carpentier hielt diese Rede am 15. Mai 1975 im Auditorium maximum der Universidad Central de Venezuela bei der Feier zur offiziellen Ehrung, die die Universität, das Ateneo von Caracas, der Venezolanische Schriftstellerverband und der Venezolanische Journalistenverband für ihn veranstaltet hatten.

kritische Scharfsinn anderer gewisse Tatsachen hervorhebt, die für den kritisch Gewürdigten eine überragende Bedeutung haben. Alexis Márquez Rodríguez hat zu meiner Freude, wie ich bekenne, darauf hingewiesen, daß in meinen Büchern – schon seit meinen frühesten Jugendtexten – eine bestimmte Einheit in den Absichten und Bestrebungen festzustellen ist. Das heißt, daß ich kaum von einem weltanschaulichen und politischen Weg abgewichen bin, der sich schon deutlich abgezeichnet hatte, als ich 1925 einen Artikel über den großartigen sowjetischen Roman *Panzerzug 14-69* von Wsewolod Iwanow schrieb. Dort äußerte ich mich so, wie ich es heute wiederholen könnte, wenn ich meine Gedanken und Ansichten zu der Entwicklung und den Bedingungen des Zeitalters, das wir jetzt erleben, erklären müßte ... Es trifft zu – und darauf bin ich stolz –, daß ich schon früh eine Vorstellung von Amerika und der Zukunft Amerikas hatte (damit meine ich natürlich jenes Amerika, das José Martí »Unser Amerika« genannt hat) ... Aber ... Hatte ich mir damit etwa große Verdienste erworben? ... Das glaube ich nicht. Allerdings hatte ich Glück. Als ich nach einer ländlichen Kindheit von jugendlichen Ambitionen angespornt in Havanna eintraf, wurde mir das wunderbare Glück zuteil, Männern zu begegnen, die ich sofort – trotz ihrer Jugend – als wirkliche Lehrmeister ansehen konnte. Und diese Lehrer waren: der großartige Julio Antonio Mella, dessen Persönlichkeit in den damaligen Unruhen an der Universität frühzeitig herangereift war und 1925 mit Carlos Baliño die Kommunistische Partei Kubas gründete; Rubén Martínez Villena, ein hervorragender Lyriker; doch eines schönen Tages verzichtete er auf alle literarischen Hochgefühle und engagierte sich in einem Kampf, der entscheidend dazu beitrug, daß der Diktator Gerardo Machado 1933 in einem revolutionären Prozeß gestürzt und zur Flucht gezwungen wurde; Juan Marinello, der heute – da er sich ganz dem Dienst an der Revolution widmet, von der er stets geträumt hatte – tatkräftiger und energischer als je zuvor ist, obwohl er schon seit geraumer Zeit das Kap des siebzigsten Lebensjahrs hinter sich gelassen hat, und der mir die Größe und Tiefe des Werks José Martís offenbarte, denn (traurig, so etwas zu gestehen) im Kuba der zwanziger Jahre war es recht wenig bekannt, gab es doch noch keine brauchbaren oder gar vollständigen Ausgaben dieses Werks ... Mit solchen Lehrmeistern kam ich zusammen, und bei ihnen lernte ich denken. Aufschlußreich ist, wenn ich daran erinnere, daß ich bereits 1927 gemeinsam mit solchen Männern ein wegweisendes Manifest unterzeichnen konnte, in dem wir uns verpflichteten, uns einzusetzen:

> »Für die Revision der falschen und veralteten Werte.
> Für die einheimische Kunst und, ganz allgemein, für die neue Kunst in ihren verschiedenen Äußerungen.
> (...)
> Für die Reform der Volksbildung (...).
> (...)
> Für die ökonomische Unabhängigkeit Kubas und gegen den Yankee-Imperialismus.
> Gegen die Einmanndiktaturen in der Welt, in Amerika, in Kuba.
> (...)
> Für herzliche Freundschaft und lateinamerikanische Einheit.«[24]

Als wir dieses Dokument unterzeichneten, ließen wir es uns nicht einmal im Traum einfallen, daß derartige Bestrebungen noch zu unseren Lebzeiten verwirklicht würden. Sie erschienen uns äußerst weit entfernt und von unserem geographischen Schicksal – wie viele glaubten – im voraus blockiert, doch in den ersten Stunden des Jahres 1959, mit dem Triumph der Kubanischen Revolution, sollten wir erleben, daß sie in Erfüllung gingen. Dieser Triumph wurde mit der entschei-

24 Zit. nach: José Antonio Portuondo, »Kubanische Literatur im Überblick«, Leipzig, Verlag Philipp Reclam jun., 1974; S. 128f. (Anm.d.Ü.).

denden und überragenden Schlacht von Playa Girón bestätigt, dem ersten großen Sieg einer Nation unseres mestizischen Amerikas (wie José Martí es so oft voller Stolz genannt hatte) über die furchtbarste Macht des Imperialismus ... (»Des Riesen mit den Siebenmeilenstiefeln, der uns verachtet« ... Damit zitiere ich wieder José Martí.)

Da ich mich Anfang 1959 so glücklich unter euch fühlte, so regen Anteil am Leben in Venezuela nahm und soviel über eure Natur, eure Geschichte und eure zutiefst lateinamerikanischen Traditionen gelernt hatte, waren manche überrascht, ich weiß es, daß ich mit einemmal meinen vierzehnjährigen Entwicklungsweg in Venezuela abgebrochen habe und plötzlich in meine Heimat zurückgekehrt bin ... Doch da gab es Stimmen, die mich riefen. Stimmen, die sich wieder über jenem Land erhoben, das sie totgeschwiegen hatte. Es waren die Stimmen von Julio Antonio Mella, Rubén Martínez Villena, Pablo de la Torriente Brau und so vielen anderen, die in einem langen, hartnäckigen und blutigen Kampf gefallen waren. Und es waren die noch lebendigen und lebensprühenden Stimmen von Juan Marinello, Nicolás Guillén, Raúl Roa und so vielen mehr. Sie hatten ihre Tatkraft und Erfahrung, ihre Kenntnisse und ihren Enthusiasmus dem großen Werk der Revolution geweiht, das seit dem historischen und folgenschweren Tag des 26. Juli 1953, dem des Sturms auf die Moncada-Kaserne, herangereift war und das von jenem Mann geführt wurde, der, als man ihn Monate danach über die Beweggründe der Aktion verhörte, die einfache Antwort gab:

»Wir ließen uns von den Gedanken José Martís leiten.«

Ich hörte die Stimmen, die sich wieder meldeten und mich in meine Jugend zurückversetzten; ich vernahm die neuen Stimmen, die nun erklangen, und ich hielt es für meine Pflicht, meine Kraft und meine Fähigkeiten – wenn ich welche hatte – in den Dienst der großen, ganz Lateinamerika angehenden historischen Aufgabe zu stellen, die in meiner Heimat bewältigt wird.

Diese Aufgabe war in der Geschichte Kubas selbst, in seiner Vergangenheit und im gesamtlateinamerikanischen Denken José Martís tief verwurzelt, dem nichts Lateinamerikanisches fremd war. Sie stimmte mit einer Tradition überein, die bis in jene Tage zurückreichte, als eine Geheimgesellschaft, die durchaus nicht zufällig den Namen »Bolívars Blitzstrahlen und Sonnen« trug, einen ersten kubanischen Befreiungsversuch, einen Krieg gegen die spanische Kolonialmacht vorbereitete ... Das vielsagende Bild einer Vergangenheit, die in gegenwärtigen Taten, in einer aktuellen und spürbaren Realität feste Gestalt annimmt, erklärt, warum sich das Studium nicht nur der nationalen Geschichte, sondern auch der Geschichte des gesamten Kontinents im heutigen Kuba so sehr verstärkt hat, denn wir sind überzeugt, daß uns nichts Lateinamerikanisches gleichgültig sein darf und daß die Kämpfe, Erfolge, Dramen, Niederlagen und Siege der Schwesternationen des Kontinents solche Ereignisse sind, die uns unmittelbar betreffen und uns zu Jubel oder Kummer bewegen, je nachdem, ob sie der Welt als Grund zur Freude oder zu vorübergehender Betrübnis dienen.

Ich weiß nicht, wie groß die Bereitschaft der lateinamerikanischen Jugendlichen von heute ist, ihre eigene Geschichte systematisch und wissenschaftlich zu studieren. Sie studieren sie wahrscheinlich sehr gründlich und können fruchtbare Lehren aus einer Vergangenheit ziehen, *die auf diesem Kontinent weitaus gegenwärtiger ist, als man gewöhnlich glaubt*, weil sich hier gewisse negative Sachverhalte mit zyklischer Beharrlichkeit – mal etwas weiter im Norden, mal etwas weiter im Süden – wiederholen. Denken Sie aber stets daran, vergegenwärtigen Sie sich immer, daß es in unserer Welt nicht genügt, die eigene Nationalgeschichte gründlich zu kennen, um ein wahrhaftiges und authentisches lateinamerikanisches Bewußtsein zu erlangen. Unser aller Schicksal ist vereint angesichts derselben inneren und äußeren Feinde, angesichts gleichartiger Möglichkeiten. Wir können zu Opfern ein und desselben Gegners werden. Deshalb muß die Geschichte unseres Amerika als eine große Einheit, als ein Komplex untrennbar miteinander verbundener Zellen studiert werden, damit wir tatsächlich ganz verstehen, *was wir sind, wer wir sind und welche Rolle wir in der Wirklichkeit, die uns umgibt und unserem Schicksal einen Sinn verleiht, übernehmen sollen.* 1893, zwei Jahre vor seinem Tod, hat José Martí gesagt: »Weder das europäische Buch noch das nordamerikanische Buch liefern uns den Schlüssel für das Rätsel Spanisch-Amerikas.« Und danach setzte er hinzu: »Man muß gleichzeitig ein Mensch seiner Zeit und seines Volks sein, doch vor allem muß man ein Mensch seines Volks sein.« Und damit man dieses Volk – diese Völker – verstehen kann, muß man ihre Geschichte genau kennen, würde ich hinzufügen.

Als eine Zusammenfassung meiner Bestrebungen möchte ich nun einen Satz Montaignes zitieren, der mich wegen seiner schönen Schlichtheit immer beeindruckt hat: »Es ist die ruhmvollste Bestimmung des Menschen, sein Amt als Mensch so gut wie irgend möglich auszuüben.«[25]

Ich habe mich bemüht, dieses *Amt als Mensch* so gut wie möglich auszuüben. Dieser Aufgabe widme ich mich jetzt und zukünftig in einer Revolution, die dazu geführt hat, daß ich mich selbst in der Gemeinschaft mit einem Volk wiedergefunden habe. Für mich sind die Zeiten der *Einsamkeit* zu Ende. Begonnen haben die Zeiten der *Gemeinsamkeit*.

Denn wie ein Klassiker zutreffend gesagt hat: »Es gibt Gesellschaften, die sich für *das Individuum* einsetzen. Und es gibt Gesellschaften, die sich für *den Menschen* einsetzen.« Ich bin ein Mensch, und ich fühle mich nur als Mensch, wenn meine Herzensregungen und tiefen Bestrebungen mit den Herzensregungen und Bestrebungen aller Menschen übereinstimmen, die mich umgeben.

25 »Essais«, Buch III, Kap. 13 (Anm.d.Ü.).

Editorische Notiz

Der vorliegende Band vereint Essays, Artikel und Reden Alejo Carpentiers: Reisechroniken aus Venezuela (sie erschienen erstmals 1947 in der Zeitung *El Nacional*, Caracas, unter dem Originaltitel *Visión de América*) und Mittelamerika, Meditationen über die Geschichte und Gegenwart der Karibik und ganz Lateinamerikas.

Die Originalausgabe dieser Anthologie erschien 1998 im Verlag Editorial Letras Cubanas unter dem Titel *Visión de América. Fragmentos de una crónica de viajes*. Aus der Gesamtausgabe der Werke Carpentiers wählte der Herausgeber Alejandro Cánovas Pérez hierfür Texte der Bände *Crónicas* (1975), *Ensayos* (1984) und *Letra y Solfa* (1989-1997) aus und gliederte sie in vier Kapitel: »Visión de América« (»Bilder Amerikas«), »Tierra Firme«, »El Caribe« (»Die Karibik«), »Identidad americana« (»Die amerikanische Identität«); den von ihm wiederentdeckten, bisher unveröffentlichten Artikel »El páramo andino« (»Die Anden-Hochebene«) druckte er am Ende des ersten Teils ab; auch »Ein großes Fest der Karibik« wurde in dieser Anthologie zum erstenmal veröffentlicht.

Die Übersetzung folgt einer mexikanischen Nachauflage von *Visión de América* (Losada/Oceano Grupo Editorial, 1999; deutsch von Ulrich Kunzmann). Die Übersetzung von »Die Große Savanne: Welt der Schöpfung«, »Im Reich der Wasser: Der Engelssprung«, »Bibel und Spitzbogen unter dem Roraima« und »Die letzte Suche nach El Dorado« wurde entnommen: Alejo Carpentier, *Stegreif und Kunstgriffe, Essays zur Literatur, Musik und Architektur in Lateinamerika* (Frankfurt am Main, Suhrkamp, 1980; aus dem Spanischen von Anneliese Botond). »Die Kultur der Völker, die in den Ländern der Karibik leben«, eine Fernsehrede vom 19. Juli 1979, erschien erstmals deutsch in: Alejo Carpentier, *Essays* (Berlin, Verlag Volk und Welt, 1985; aus dem Spanischen von Ulrich Kunzmann).

Fotonachweise

Abbildungen 1 bis 3 und 5 bis 10: Corbis
Abbildung 4: laif